2.80

ein Ullstein Buch

Vom gleichen Autor
in der Reihe der
Ullstein Bücher:

twen-Witze 1 (2715)

Wolfram Huncke

twen-Witze 2

ein Ullstein Buch

Ullstein Buch Nr. 2808
im Verlag Ullstein GmbH,
Frankfurt/M - Berlin - Wien

Originalausgabe

Umschlagentwurf:
Günter Halden
Mit 37 Vignetten
von Ursel Maiorana-Trötscher

Printed in Germany 1971
Gesamtherstellung:
Ebner, Ulm
ISBN 3 548 12808 4

twen-Witze 2

Ein Handelsvertreter fährt über die Dörfer. Auf der Landstraße hält ihn plötzlich eine alte Bäuerin an und fragt, ob sie nicht ein Stück mitfahren könne. Der Vertreter willigt ein. Plötzlich geht dem Vertreter das Benzin aus. Der Motor tuckt noch einmal, dann bleibt der Wagen stehen.
Tröstend sagt der Vertreter zu der alten Bäuerin: »Sehen Sie, Oma, jetzt steht er.«
Darauf kreischt die Alte bösartig: »Das hab ich mir doch gleich gedacht, daß Sie mich nicht umsonst mitnehmen.«

Ein Kunde geht in eine Buchhandlung und fragt nach einem Buch mit dem Titel »Die Unschuld«. Die Buchhändlerin ist nicht ganz sicher, ob noch ein Buch auf Lager ist und ruft nach hinten: »Herr Meier, haben Sie noch die Unschuld?«
Eine kurze Zeit vergeht, dann kommt eine Stimme zurück: »Wenn Sie sie vorn nicht mehr haben, ich habe sie hinten auch nicht.«

Ein Mann stirbt und erwacht nach einigen Tagen wieder zum Leben. Die Weltpresse berichtet über dieses Wunder in Schlagzeilen. Der Mann wird in geheimer Audienz vom Papst empfangen und gefragt, was er im Himmel erlebt habe. »Gott gibt es nicht«, sagt der Mann, »tut mir leid, Heiligkeit, daß ich Ihnen das sagen muß.« Darauf der Heilige Vater: »Sie bekommen eine große Menge Geld, wenn Sie den Mund halten.« Der Mann verspricht es und zieht mit dem Geld ab.

Auch Kossygin empfängt ihn. Auch hier wird er um eine große Summe reicher, denn dem sowjetischen Ministerpräsidenten erzählt er, daß er Gott begegnet sei.
Schließlich wird er auch von Nixon im Weißen Haus empfangen. Nixon sagt: »Uns ist es eigentlich gleich, ob es einen Gott gibt oder nicht, aus reiner Neugierde würde ich es trotzdem gerne wissen.« Darauf der Mann: »Mister Präsident, es gibt einen Gott – aber er ist farbig.«

In einem Frauenverein spricht der Soziologe über die Bevölkerungsexplosion auf der Erde. Er schließt seinen Vortrag mit den Worten: »Irgendwo auf der Erde bringt eine Frau jede Minute, Tag und Nacht ein Kind zur Welt. Was soll man dagegen tun?« Darauf erhebt sich eine Frau aus dem Zuhörerkreis und sagt: »Man muß diese Frau sofort finden und dafür sorgen, daß sie damit aufhört.«

An der kalifornischen Küste wird ein Western gedreht. Zwischen Weißen und Rothäuten findet ein großer Kampf statt. »Sie geben ja Unmengen für die Komparsen aus«, sagt ein Zuschauer zu dem Produzenten, »was müssen Sie denn hinterher bezahlen?«
»Halb so schlimm«, sagt der Produzent, »am letzten Drehtag lasse ich einfach die Platzpatronen gegen scharfe Munition eintauschen.«

Eine junge hübsche Dame kommt eines Abends in ein Hotel. Es ist 22 Uhr. Am Empfang sagt man ihr, daß nur noch in einem Zimmer ein Bett frei sei, das bereits von einem Herrn belegt ist. Die junge Dame ist einverstanden, geht auf das Zimmer, entkleidet sich und murmelt einen flüchtigen Gutenachtgruß. Nach einer halben Stunde bekommt sie starken Durst. Sie bittet den Herrn, ihr ein Glas Wasser zu holen. Darauf sagt der Mann: »Wollen wir nicht ein Spiel machen, wie das bei Ehepaaren üblich ist?« Die junge Dame haucht: »Ja.« Darauf sagt der Mann: »Hol dir das Wasser selbst.«

Zwei Schildkröten wandern seit acht Jahren durch die Wüste und leiden unter starkem Durst. Plötzlich sehen sie eine Flasche Cola im Sand liegen. Beide stürzen sich auf die Flasche, machen aber enttäuschte Gesichter, als sie merken, daß sie keinen Flaschenöffner haben. Darauf sagt die eine Schildkröte: »Hol du einen Öffner, ich bewache die Flasche.«
Es vergehen weitere fünf Jahre. Die Schildkröte kehrt nicht zurück. Da unternimmt die erste noch einmal einen Versuch, die Flasche zu öffnen. Da taucht plötzlich hinter einem Sandhügel die andere Schildkröte auf und sagt: »Also, wenn du schon so anfängst, dann gehe ich überhaupt nicht weg.«

Ein alternder General lebt mit seiner jungen Frau in einer einsamen Villa. Vor dem Haus sind zwei Wachposten postiert, die das Paar vor Eindringlingen schützen sollen. Eines Abends brennt im Schlafzimmer verdächtig lange Licht. Die Wachposten sind beunruhigt, schleichen sich an das Fenster und schauen vorsichtig hinein. Da sehen sie die Frau des Generals nackt auf dem Bett liegen, während er, ebenfalls unbekleidet, mit einer Pistole in der Hand herumläuft, an seinem Körper herabblickend und brüllt: »Stehen bleiben oder ich schieße.«

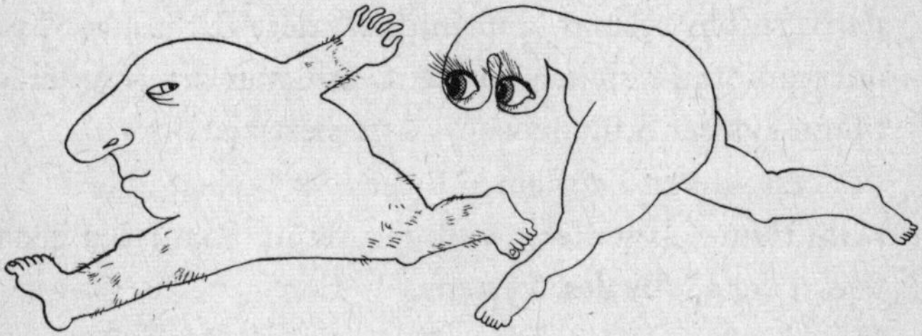

Ein Leipziger kommt von seiner Arbeit früher als gewöhnlich zurück und überrascht seine Frau mit seinem besten Freund im Bett. Zornig brüllt er die beiden an: »Ihr macht hier rum und in der HO gibt's Zitronen.«

Zwei Knaben und ein Mädchen spielen nackt am Strand. Da sagt plötzlich der kleinere Knabe zu seinem Freund. »Du schau mal, die Karin hat ja gar nicht dasselbe wie wir.« Darauf entgegnet der größere: »Nicht so laut. Das sind arme Flüchtlinge, die haben alles verloren.«

Ein Mann kommt in die Hölle. Als er durch den Haupteingang gelangt ist, sieht er zwei Wegweiser: Hölle des Westens rechts, Hölle des Ostens links. Da er im Westen gelebt hat, entschließt er sich, auch in die Hölle des Westens zu gehen.

Dort wird er von zwei Teufeln empfangen. »Was wird nun mit mir geschehen?« fragt er den einen Teufel. Der antwortet: »Zuerst wirst du auf einen Eichentisch gelegt, dann wirst du mit rostigen Nägeln angenagelt, mit Öl übergossen und angezündet.«
»Dann gehe ich lieber in die Hölle des Ostens«, ruft der den Teufeln zu und läuft in die andere Richtung. Als er dort ankommt, stehen die Leute Schlange. Er fragt einen Mann aus der Schlange: »Was passiert hier?«
»Zuerst wirst du auf einen Eichentisch gelegt . . .«
»Um Himmels willen«, ruft der Mann, »das ist ja genau wie in der Hölle des Westens.«
»Nicht ganz, mein Freund«, sagt der Mann aus der Schlange, »denen hier geht manchmal das Öl aus, hin und wieder haben sie keine Nägel und heute haben sie Schwierigkeiten mit dem Feuermachen.«

Er steht am Fenster und ruft seiner Frau zu: »Da geht die Frau, in die Ernst Krause verliebt ist.«
Sie läßt die Tasse fallen, die sie gerade abtrocknet, und reckt neugierig den Hals. »Wo?« fragt sie atemlos.
»Da, die Frau mit dem Tweedmantel.«
»Du Idiot«, sagt sie, »das ist doch seine Frau.«
»Natürlich«, erwidert er.

Ein Betrunkener möchte von einem Taxi in ein Hotel gefahren werden. Unterwegs sieht der Taxifahrer, wie der Fahrgast beginnt, sich zu entkleiden. »Was ist denn in Sie gefahren, Sie sind noch nicht im Hotel«, ruft er ganz außer sich.

»Was«, lallt der Betrunkene, »das hätten Sie auch früher sagen können. Eben habe ich meine Schuhe vor die Tür gestellt.«

Lotti ist zehn, Elfi ganze neun Jahre alt. Am Montag, auf dem Weg zur Schule, unterhalten sie sich über das Wochenende. »Und denk dir«, sagte Lotti, »über Sonntag waren wir bei Müllers auf deren Jolle, und da habe ich Antibabypillen gefunden.«
Elfi staunt, und nach zwei Sekunden Nachdenken fragt sie: »Sag mal, was ist denn eine Jolle?«

Ein Mann nimmt ein sehr junges Mädchen mit nach Hause. Als sie sich auszieht, kommen ihm aber doch Bedenken und er fragt: »Wie alt bist du eigentlich?«
»Dreizehn.«
»Ach du lieber Himmel!«
Das Mädchen: »Wieso – abergläubisch?«

Der Herr Direktor kommt nach einer längeren Geschäftsreise wieder nach Hause. Im Schlafzimmer überrascht er seine Frau mit dem Prokuristen seines Betriebes. Zuerst peinliches Schweigen, dann brüllt der Direktor seine Frau an: »Was macht dieser Mensch hier bei dir?«
Antwort: »Er arbeitet deine Rückstände auf.«

Trifft er seinen Freund: »Hallo, wie gehts?«
»Ooooch . . . weißt du . . .«
»Und wie geht's zu Hause?«
»Zu Hause gar nicht mehr!«

Ein altes Ehepaar geht mit dem Hund spazieren. Da kommt ein Polizist, betrachtet den Hund und erschießt ihn. Auf die Beschwerde des Ehepaares sagt er: »Er hat die Räude, die ist ansteckend.«

Die Frau fragt: »Wieso können Sie das sehen?«

»Na«, sagt der Polizist, »sehen Sie den stieren Blick in den Augen, die Hängebacken, die kahlen Stellen am Kopf und den hängenden Schwanz?«

»Schnell«, flüstert die Frau da ihrem Mann zu, »hau ab, sonst erschießt er dich auch noch!«

Er besucht sie zum erstenmal in ihrer Wohnung. Mit einer Verbeugung überreicht er ihr einen Blumenstrauß: »Gnädiges Fräulein, ich habe mir erlaubt . . .«

»Oh, wie schön!« strahlt sie. Dann sieht sie ein kleines Päckchen, das er hinter seinem Rücken zu verbergen versucht. »Oh, noch eine Überraschung?« fragt sie neugierig.

»Wie man's nimmt«, meint er, »das ist mein Schlafanzug.«

Eine Schwester läuft im Krankenhaus den Flur entlang und ruft: »Herr Chefarzt, Herr Chefarzt, soeben ist der Simulant aus Zimmer 17 gestorben.«

Auf einem Ball flüstert eine besorgte Mutter ihrer Tochter zu: »Du mußt mehr auf deinen Mann achten, der flirtet ja dauernd mit anderen Frauen.«

»Keine Sorge«, winkt die junge Frau ab, »er ist noch immer so verrückt nach mir wie am ersten Tag.«

»Das mag sein«, meint die Mutter, »aber auch Verrückte haben mal einen lichten Moment.«

Im Flugzeug. Mitten über dem Atlantik. Der Copilot sagt Flughöhe und Geschwindigkeit an. Und vergißt, die Sprechanlage abzuschalten und meint zum Piloten: »Jetzt 'ne Tasse Kaffee und die Stewardeß vernaschen.« Leichtes Raunen unter den Passagieren. Die Stewardeß läuft mit hochrotem Kopf den Gang zur Kanzel entlang. Ein älterer Herr hält sie am Ärmel fest: »Langsam, junges Fräulein, Sie haben den Kaffee vergessen!«

Nach zehn Ehejahren erklärt Fred seiner Frau Susan, er habe eine Geliebte. »Bitte, Schatz, reg' dich nicht auf. Bill und Jim haben auch eine, und deren Frauen haben sich gut damit abgefunden. Unsere Freundinnen tanzen alle im Ballett der Roxy-Bar. Heute abend gehen wir sie anschauen.«
Abends erklärt er eifrig: »Dort links die Blondine ist Bills, die in der Mitte ist Jims, und die am Ende, die mit den roten Haaren, ist meine.«
Lange und genau schaut sich Susan die drei Mädchen an, bevor sie antwortet: »Weißt du Liebling, unsere gefällt mir am besten.«

Zwei Goldfische sitzen auf einem Tannenbaum und stricken. Fliegen zwei Elefanten vorbei. Sagt der eine Goldfisch traurig: »Ja, ja, fliegen müßte man können.«

Eine Frau sieht im Schaufenster einer Tierhandlung

einen schönen roten Papagei. Sie geht rein und erkundigt sich nach dem Preis. Darauf der Verkäufer: »DM 4000!«
»Ganz schön teuer«, sagt die Frau. »Der muß ja außergewöhnlich sein.«
»Ist er auch«, sagt der Verkäufer, »er spricht immerhin perfekt Englisch, Französisch, Spanisch, dazu ein bißchen Russisch und Chinesisch.«
»Das kann ich mir nicht leisten«, sagt die Frau, »ich

nehme lieber den anderen«, und deutet auf einen gelben, der nebem dem roten sitzt.
»Der kostet aber 10 000 DM«, sagt der Verkäufer.
»Und was kann der«, erkundigt sich die Frau.
»Nichts«, sagt der Verkäufer, »das ist nur der Vorgesetzte vom roten Papagei.«

Gespräch in der DDR. »Was würden Sie tun, wenn morgen die Mauer abgerissen würde?«
Antwort: »Auf einen Baum klettern?«
»Warum?«
»Meinen Sie, ich möchte totgetrampelt werden?«

Unterhalten sich zwei Amerikaner. Fragt der eine: »Wie sind Sie eigentlich mit Nixon zufrieden?«
»Ausgezeichnet«, sagt der andere, »er hat Frieden und Ruhe in mein Heim gebracht. Denn seit er Präsident ist, sind meine Kinder laufend unterwegs, um irgendwo gegen ihn zu demonstrieren.«

Ein reicher Schotte ist gestorben. Seine drei Söhne unterhalten sich darüber, wie sie ihn bestatten sollen. Der erste sagt: »Unser Vater war ein großer und bedeutender Mann. Er soll auch ein großes Leichenbegräbnis haben.« Der zweite sagt: »Unser Vater war ein einfacher und sparsamer Mann. Er soll auch eine einfache Beerdigung haben.« Und schließlich der dritte: »Unser Vater hatte stets ein Herz für die Armen, er sollte auch ein Armenbegräbnis haben.« Da erhebt sich die Leiche und sagt: »Nichts da, ich gehe zu Fuß zum Friedhof.«

Ein Bayer und ein Preuße gehen zum Betteln. Als sie zu einem Bauernhof kommen, sagt der Bayer: »Hier war ich schon einmal und habe ein großes Stück Geräuchertes bekommen.«
Darauf der Preuße: »Gut, dann gehe ich hin und versuche mein Glück.«
Kurze Zeit später kommt der Preuße mit einem großen Stück Geräucherten zurück. Dann vereinbaren die beiden: Wer in der folgenden Nacht den schönsten Traum hat, der darf am nächsten Tag das ganze Stück essen.
Am anderen Morgen erzählt der Preuße seinen Traum: »Ich habe geträumt, daß ich gestorben sei. Engel kamen

und trugen mich auf ihren Händen in den Himmel. Ich glaube, etwas Schöneres gibt es nicht.«
Darauf der Bayer: »Stell dir vor, ich habe dich im Traum beobachtet. Ich dachte mir, der kommt ohnehin nicht zurück und habe das Stück Geräucherte gegessen.«

Ein Bauer wird wegen Tierquälerei angezeigt. Als ein Beamter seinen Hof betritt, um die Sachlage zu überprüfen, sieht er ein Schwein mit einem Holzbein. Da wendet sich der Beamte an den Bauern und schaut ihn drohend an. »Das müssen Sie verstehen«, sagt der Bauer, »ich kann doch wegen einer Haxe nicht immer gleich ein ganzes Schwein schlachten.«

Ein Mann ist wegen Sodomie verurteilt und in eine Heilanstalt eingeliefert worden. Nach zwei Jahren wird er als geheilt entlassen. Kaum hat er die Anstalt verlassen, sieht er eine Ziege auf der Wiese stehen. Er nichts wie hin. Kaum hat er sich auf die Ziege geschwungen, rast die los, an einem alten Mütterchen vorbei. Als die alte Frau das sieht, schüttelt sie den Kopf und sagt: »Kein Geld für eine Hose, aber ein Moped.«

Auf einer Party. Zwei Männer im Gespräch. Sagt der eine: »Wissen Sie, manche Partys sind doch eine feine Sache. Man geht hin, auch wenn man nicht eingeladen ist, füllt sich ordentlich den Magen, betrinkt sich und keinem fällt was auf.«
»Das stimmt«, sagt der andere, »ich bin übrigens auch nicht eingeladen.«

»Und wie sind Sie hierhergekommen?«
»Ganz einfach – ich bin der Gastgeber.«

Ein Kindermädchen geht mit einem kleinen Jungen spazieren. Plötzlich bemerkt der Junge zwei Hunde, die sich mit großer Hingabe vergnügen. »Was machen die denn da«, fragt der Junge das Mädchen. Sie darauf schlagfertig: »Ach, weißt du, der eine ist blind und der andere schiebt ihn über die Straße.«

Ein Bauer hat seinen Hof gänzlich verschuldet. Der Gerichtsvollzieher geht ein und aus. Eines Tages blickt er durchs Fenster und sieht den unliebsamen Gast wieder einmal auf seinen Hof zugehen.
Da sagt der Bauer zu seinem Sohn: »Paß auf, wenn es jetzt klingelt und ein Mann vor der Tür steht, dann sage ihm, ich sei verreist.« Nach diesen Worten versteckt er sich im Kleiderschrank.
Es klingelt, der Sohn öffnet, und der Gerichtsvollzieher

kommt ins Zimmer. »Ich soll Ihnen ausrichten«, sagt der Sohn, »mein Vater sei verreist.«
»Und wann kommt er zurück«, fragt der Gerichtsvollzieher.
Da geht der Junge auf den Kleiderschrank zu, öffnet die Tür und sagt zu seinem Vater: »Wann kommst du denn wieder?«

Ein Mann fährt mit seinem Wagen mit 50 km/Std. durch eine Ortschaft. Einige andere Autos überholen ihn. Die Polizei hält den Mann an. Er will sich beschweren, da erklärt ihm die Polizei, er solle seine Prämie von 100 DM bekommen, weil er als einziger richtig gefahren sei. Da freut sich der Mann und sagt zum Polizisten: »Dann kann ich ja endlich meinen Führerschein machen.«
Seine Frau fleht daraufhin den Wachtmeister an: »Glauben Sie ihm kein Wort, Herr Wachtmeister, er redet immer so ein dummes Zeug, wenn er betrunken ist.«
Kaum hat sie ausgeredet, meldet sich die Oma hinten aus dem Wagen: »Das hab ich euch ja gleich gesagt, Kinder, daß das mit dem geklauten Wagen nicht gutgeht.«

Ein Mann steigt in einen ziemlich überfüllten Bus. Nach einer Weile nimmt er sein Glasauge 'raus und wirft es ein paarmal in die Luft. Fragt ihn jemand, wieso er das denn mache. Antwort: »Ich wollte nur mal nachsehen, ob ein Sitzplatz freigeworden ist.«

Ein junger Pfarrer nimmt zum erstenmal die Beichte ab.

Der alte Pfarrer hört sich das mit an. Nachdem der Neue ein hübsches Mädchen ins Gebet genommen hat, fragt er seinen Kollegen: »Wie war es? War ich gut?«
»Ja, lieber Freund, es war schon ganz zufriedenstellend, aber Sie sollten öfter t-t-t-t machen als huuiii sagen.«

Beim Portier im Hilton läutet das Telefon: »Entschuldigen Sie«, sagt der am anderen Ende, »wann macht bei Ihnen die Bar auf?«
»Um 19 Uhr«, erwidert der Portier.
Zwei Stunden später, inzwischen schon ein bißchen angeheitert, erkundigt sich der Anrufer wieder, wann die Bar aufmache. Und einige Stunden später ruft er noch einmal an, diesmal in volltrunkenem Zustand, wann denn endlich die Bar aufmache.
Der Portier antwortet ziemlich ungeduldig: »Um 19 Uhr. Können Sie es denn nicht erwarten, bis Sie in die Bar hinein können?«
»Was heißt hinein, ich will hier 'raus!«

Willi ist in Amerika. In einer Kleinstadt übernachtet er in einem Hotel. Gegen Mitternacht wird er munter. Auf der Straße steht ein Mann und schreit immerzu »Feuer! Feuer!« Ärgerlich steht Willi auf, wirft eine Streichholzschachtel runter: »Sitten sind das hier. Sitten!«

Drei Männer sitzen im Wartezimmer des Psychiaters und spielen Skat. »Schach!« sagt der eine und legt den Kreuzbuben auf den Tisch. »Moment mal«, sagt der andere, »seit wann gibt es denn beim Halma Elfmeter?«

Nächtlicher Dialog:
»Warum willst du nicht?«
»Ich bin zu müde.«
»Ach komm schon.«
»Laß mich in Ruhe.«
»Ich kann nicht schlafen.«
»Ich kann jetzt auch nicht.«
»Bitte . . .«
»Was, jetzt mitten in der Nacht?«
»Mir ist so heiß.«
»Das fällt dir aber auch zu den verrücktesten Zeiten ein.«
»Du liebst mich eben nicht.«
»Also gut.«
»Was ist denn?«
»Ich kann's nicht finden.«
»Schon besser, jetzt hast du's ja.«
»Das will ich meinen . . .«
»Genug . . .?«
»Danke . . .«
»Aber das nächste Mal machst du das Fenster selbst auf.«

Treffen sich zwei Kühe auf der Weide. Fragt die eine: »Was hast du den ganzen Sommer gemacht?«
Schwärmt die andere: »Ich hab' einen Stier kennengelernt . . . du, ein Bild von einem Stier. Wir haben zusammen Gras gefressen und sind zusammen spazieren gegangen und abends . . . ich sag' dir, ein Stier . . .! Und was hast du denn gemacht?«
»Ach nichts Besonderes«, seufzt die andere, »ich hab'

einen Ochsen kennengelernt. Hat den ganzen Sommer von seiner Operation geredet.«

Ein Amerikaner und ein Russe unterhalten sich. Der Russe fragt: »Womit fährst du zur Arbeit?«
»Mit der U-Bahn.«
»Genau wie bei uns.«
»Und womit fährt deine Frau zum Einkaufen?«
»Mit dem Kleinwagen.«
»Wie bei uns, und womit fährst du zu Freunden?«
»Da nehmen wir den großen Wagen«, sagt der Amerikaner.
Darauf der Russe: »Wie bei uns, wir kommen auch mit dem großen Wagen, wir nehmen den Panzer.«

Der Bernhardiner fühlt sich nicht wohl und geht zum Arzt. Der sagt besorgt: »Sie haben aber einen ganz schönen Leberschaden. Sie sollten sich vor allem vom Alkohol fernhalten.«
»Wie soll ich das denn machen«, stöhnt der Bernhardiner, »in meinem Beruf muß man doch dauernd mit der Kundschaft anstoßen.«

Ein Schotte kommt nach Hause. Ein langes Paket unterm Arm. »Was ist denn das«, fragt seine Frau, befürchtend, er habe wieder aus Verschwendungssucht gehandelt. »Ich habe ein Barometer gekauft, so sehen wir immer vorher, wenn es Regen gibt.« Da hebt die Frau beschwörend die Hände und sagt: »Allmächtiger, wozu hat dir der Herr den Rheumatismus gegeben?«

Ein junges, adeliges Fräulein verliebt sich im Urlaub in einen stämmigen jungen Bayern. Nach ihrer Heimkehr entwickelt sich ein lebhafter Briefwechsel. Schließlich wird der junge Mann von der herrschaftlichen Familie eingeladen. Man trifft sich im Schloß, tauscht die üblichen Höflichkeitsfloskeln aus und speist zusammen zu Mittag. Das Essen ist vorzüglich. Danach geht man gemeinsam im Garten spazieren. Dabei kommt die Schloßherrin mit dem zukünftigen Schwiegersohn ins Gespräch: »Seien Sie bitte nicht böse«, beginnt die Schloß-

herrin das Gespräch, »und betrachten Sie meine Frage nicht als indiskret, aber als Mutter will man schließlich ... haben Sie Ahnen?«
Der Bayer schaut verdutzt die Dame an und antwortet im Brustton der Überzeugung: »Ja, freili, hob i aanen, und wos für aanen.«

Zwei Redakteure gehen durch München. Plötzlich verstreut der eine ein schwarzes Pulver. Der andere macht

große Augen und fragt: »Was verstreust du da, Genosse?«
»Rintintin.«
»Für was soll das denn gut sein?«
»Es hilft gegen die Verbreitung sozialistischer Ideen.«
»Aber es gibt doch bei uns gar keine Verbreitung solcher Ideen.«
»Eben, deshalb streue ich auch kein echtes Rintintin.«

Zwei Männer liegen in einem Bett. Sagt der eine: »Partnertausch ist doch eine tolle Sache, möchte mal wissen, was unsere Frauen gerade machen.«

Der Bauer fährt in die nahe gelegene Kreisstadt, um Besorgungen zu machen. Er kommt zum Arzt und bittet: »Herr Doktor, ich möcht' mich kastrieren lassen!« Der Arzt ist entsetzt, erfüllt ihm aber nach einer Bereitschaftserklärung den Wunsch. Als der Bauer nach Hause kommt, fragt ihn die Bäuerin, ob er auch alles besorgt habe und wie's beim Impfen gewesen sei. »Jessas Maria! Impfen hat das g'heißen?«

Ein Mädchen beichtet beim Pfarrer ihre Sünden. Der Pfarrer hört sich alles an und sagt am Ende ernst:
»Weißt du, mein Kind, was du mit deinen vielen Sünden verdienen würdest?«
Darauf das Mädchen: »Ja, Herr Pfarrer, aber ich mache mir nichts aus Geld.«

Freudestrahlend betritt ein Mann sein Schlafzimmer.

Da liegt seine Frau mit einem anderen Mann im Bett. Kurz entschlossen packt er den Mann und wirft ihn durchs Fenster und murmelt: »Wer vögeln kann, kann auch fliegen.«

Ein sechsjähriges Mädchen geht in eine Apotheke. Sie verlangt Antibabypillen. Erstaunt fragt der Apotheker: »Wozu brauchst du die denn?«
Darauf das Mädchen: »Ich habe morgen Geburtstag, und ich habe schon so viele Baby-Puppen bekommen, ich will jetzt endlich mal einen Teddy.«

Im Garten des Vatikans geht der Papst mit einem Amerikaner auf und ab. Der Amerikaner: »Fünfzigtausend Dollar.« Der Papst schüttelt milde lächelnd sein Haupt. »Hunderttausend Dollar.« Wieder Kopfschütteln.
»1 Million Dollar.« Und wieder lehnt der Papst ab.
Ein Kardinal der in einigem Abstand folgt und mitgehört hat, geht näher heran und flüstert dem Papst ins Ohr: »Heiliger Vater, so viel Geld, überlegen Sie, was wir damit anfangen können, wieviel Gutes wir damit stiften können.«
Darauf der Papst mit ernstem Gesicht: »Weißt du auch, was ich dafür tun muß? Ich soll allen Katholiken gebieten, am Ende ihres Gebetes nicht mehr ›Amen‹ zu sagen, sondern ›Shell-Oil‹.«

Drei Definitionen: Was ist Abtreibung? – Ein entfernter Verwandter. Was ist Onanie? – Die Liebe an und für sich. Was ist Nymphomanie? – Zwangsläufig.

Ein leitender Angestellter der städtischen Gaswerke erzählt einem Freund: »Zur Aufbesserung unserer Finanzlage haben wir jetzt dem Beispiel IOS folgend Prominente Ex-Politiker in unsere Dienste genommen.«
Der Freund erstaunt: »Wen denn?«
»Lübke und Gerstenmeier – den einen zum Ablesen, den anderen zum Kassieren.«

Ein Berliner verbringt seinen Urlaub auf einem Bauernhof in Oberbayern. Gelegentlich hilft er dem Bauern auf dem Feld. Dabei fällt ihm auf, daß dort ungewöhn-

lich viel Steine liegen und er fragt den Bauern nach der Ursache.
Darauf der Bauer: »Jo mei, woast, de bringd alle der Wuidbach vom Berg abi.«
Der Berliner: »Ich sehe aber nirgends einen Wildbach, ich kann mir das nicht erklären.«
»Ja«, sagt der Bauer, »wahrscheinlich is er grad drom beim Stoana hoin.«

Zwei Hennen laufen gackernd vor einem kapitalen

Hahn davon. Meint die eine zur anderen: »Nicht so schnell! Er ist doch nicht mehr der Jüngste!«

Ein Mann kommt in die Wirtschaft und bestellt drei Bier, drei Korn.
Fragt ihn der Wirt: »Warum bestellen Sie drei Bier und drei Korn?«
Sagt der Mann: »Wissen Sie, wir waren drei Kriegskameraden und haben uns geschworen, immer drei Bier und drei Korn zu bestellen.«
Eine Woche später kommt der Mann wieder. Diesmal bestellt er zwei Bier, zwei Korn.
Fragt der Wirt: »Jetzt ist wohl einer Ihrer Kriegskameraden gestorben?«
»Nein«, sagt der Mann, »aber mir hat der Arzt das Trinken verboten.«

Der Vater hat eine unbezwingliche Bastelleidenschaft. Eines Tages macht er sich über die Kuckucksuhr her. Erst den Kuckuck raus, dann alle Schrauben, Muttern, Achsen, Federn, Rädchen. Schön säuberlich geordnet liegen die Teile auf dem Tisch. Nun der Wiederaufbau. Mit geschickten Händen vereinigt er Muttern und Schrauben, befestigt Federn, Rädchen, Pendelarm, Ketten. Nichts bleibt übrig; auch der Kuckuck sitzt wieder in seinem Käfig. Stolz hängt der Vater die Uhr an die Wand, und gespannt erwartet die Familie das Ergebnis. Vier Uhr. Nichts rührt sich. Fünf nach vier. Stille. Endlich – das Türchen öffnet sich, der Kuckuck erscheint und kreischt: »Weiß hier jemand, wie spät es ist?«

Zum Zirkusdirektor kommt ein kleiner, unscheinbarer Mann. »Ich möchte Ihnen eine neue Nummer anbieten. Ich springe aus der Zirkuskuppel in die Manege, mit dem Kopf voran, ohne Netz.«
Der Direktor glaubt das nicht. Also gehen beide in die Manege. Der Mann klettert in die Kuppel, springt 'runter, knallt mit dem Kopf auf, bleibt einen Moment liegen, erhebt sich und schaut den Direktor mit großen Augen an.
»Das ist ja großartig«, jubelt der, »das lasse ich mir 300 pro Abend kosten.«
»Nein ...«, wehrt der Mann ab.
»500!«
»Nein ...«
»Na gut, 1000.«
»Nein ... ich hab es mir überlegt. Ich springe gar nicht mehr«, sagt der Mann leise.
»Aber hören Sie. Sie bekommen eine Traumgage, und jetzt wollen Sie plötzlich nicht mehr. Das versteh' ich nicht.«
Der Mann lächelt unsicher: »Wissen Sie, ich habe nicht gewußt, daß es so weh tut!«

Eine junge Dame, die einen alten, aber vermögenden Mann geheiratet hat, erhält Besuch von ihrer Freundin. Sie führt sie durch ihr luxuriöses Heim, und als sie ins Schlafzimmer kommen, ruft die Freundin hingerissen von der Pracht des Gemachs: »Ah, c'est l'Eglise de Notre Dame!« Antwortet die Frau traurig: »O non! C'est le Dome des Invalides!«

In der Schule wird über große Erfinder gesprochen. Der Lehrer sagt: »Die meisten großen Erfinder besaßen auch eine große Herzensgüte. So haben die Erfinder von Telegraph und Telefon, Morse und Bell, arme, taubstumme Frauen geheiratet. Was kann man daraus schließen?«
Darauf Fritz: »Daß Männer ausgezeichnete Leistungen vollbringen, wenn sie zu Hause Ruhe haben.«

Unterhalten sich zwei Jungen auf dem Spielplatz. Fragt der eine: »Wie alt biste denn?«
»Sieben.«
»Rauchste?«
»Nee.«
»Trinkste?«
»Nee.«
»Schon Weiber?«
»Nee.«
»Dann biste auch noch keine sieben.«

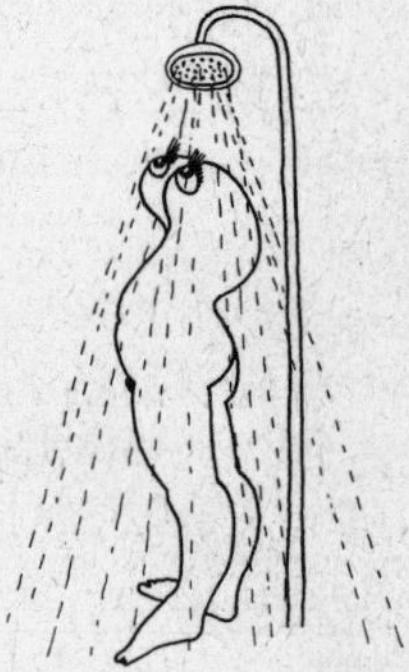

Die hübsche Susanne kann es nicht länger verheimlichen: »Mutter, ich bekomme ein Kind.«
»Um Himmels willen«, schreit die Mutter mit schriller Stimme, »wer ist der Vater?«
»Wie soll ich das denn wissen?« Susanne zuckt die Achseln. »Schließlich durfte ich ja nie ein festes Verhältnis haben.«

Ein Lehrer fragt seine Schüler: »Wer war der erste Mensch?«
Darauf meldet sich Fritz: »Little Joe.«

Der Lehrer empört: »Aber Fritz, das war doch Adam.« Da erwidert der Junge: »Sehen Sie, Herr Lehrer, ich wußte doch, daß es einer von der Ponderosa war.«

Zwei Löwen unterhalten sich. Sagt der eine: »Komisch, ich bekomme täglich frisches Fleisch und du Bananen.« Darauf der andere: »Das ist typisch für die Bürokratie, ich sitze nämlich auf der Planstelle eines Affen.«

Zwei volle Milchflaschen treffen sich morgens vor einer Haustür. Die eine ist heiter und vergnügt und versucht die andere, die mißmutig dreinschaut, aufzuheitern.
Als das nicht gelingt, fragt sie: »Was ist denn mit dir heute los?«
Darauf die andere: »Sei still, ich bin sauer.«

Ein Schotte will sich untersuchen lassen. Er konsultiert einen berühmten Arzt und bringt eine Zweiliterflasche Urin mit. Der Professor ist zwar erstaunt über die ungewöhnliche Menge, sagt aber nichts und läßt den Urin chemisch untersuchen. Einige Tage später kommt der Schotte wieder zum Professor und erfährt, daß er völlig gesund ist. Hocherfreut läuft der Schotte los, hängt sich ans Telefon und wählt eine Nummer. »Liebes Weib, du bist gesund, ich bin gesund, unsere vier Kinder, Oma und Opa auch.«

Junges Mädchen, Minirock, ist mit ihrem Fahrrad unterwegs. – Eine Öllache, sie stürzt, kann sich aber geistesgegenwärtig abstützen. Sie fällt trotzdem, ihr

Rock rutscht hoch, die Beine fliegen durch die Luft. Ein alter Herr hat die Szene beobachtet. Sie bemerkt es, steht auf, klopft ihren Rock ab, hebt ihr Fahrrad auf und sagt erleichtert zu dem Herrn: »Das ging noch mal gut. Haben Sie meine Geistesgegenwart gesehen?« Der Alte schüttelt verwundert den Kopf: »So, so, merkwürdig, früher hat man das ganz anders genannt.«

Drei Ärzte, ein Amerikaner, ein Franzose und ein Tscheche fachsimpeln. Der Amerikaner weist auf seine besonderen Schwierigkeiten bei Herztransplantationen hin. Doch sei es ihm gelungen, eine Operation in der Rekordzeit von einer Stunde vorzunehmen. Der Franzose, Spezialist für Nierenoperationen kehrt seine Schwierigkeiten hervor. Immerhin habe er zwei komplizierte Operationen in einer Stunde geschafft. Zuletzt bemerkt der Tscheche, ein Zahnarzt: »Ich habe einem Patienten einen Backenzahn gezogen. In nur zwölf Stunden. Da während der Besetzung hier keiner den Mund aufmachen durfte, mußte ich von hinten ziehen.«

Zwei Berliner Studenten sind am Wochenende aufs Land gefahren. Sie gehen in einen Tanzschuppen und legen sich bei den Dorfschönen mächtig ins Zeug. Schließlich fragt sie eine Schöne augenzwinkernd: »Was machen Sie eigentlich beruflich?«
Darauf der eine Berliner: »Mein Freund ist Masochist und ich Lederfetischist.«
Darauf die Dorfschöne: »Toll, dann müssen Sie ja billig an Handtaschen kommen.«

Zwei Freunde unterhalten sich. »Stell dir vor«, sagt der eine, »am Sonntag war ich auf dem Rennplatz und da sprang mir ein Jockey plötzlich auf den Rücken und rennt mit mir an den Start.«
»Und was hast du gemacht?«
»Was sollte ich machen, wir sind Zweiter geworden.«

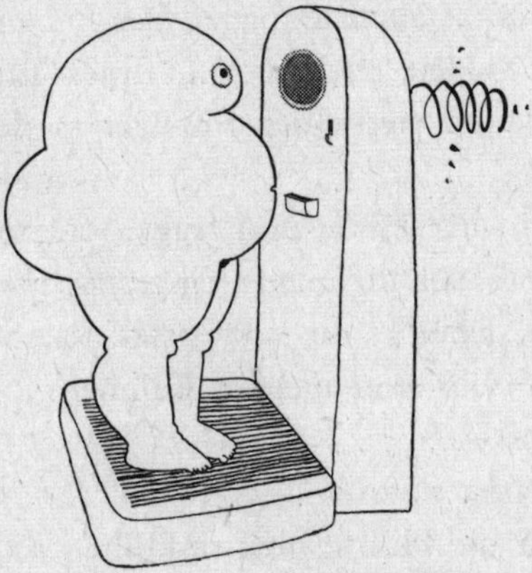

Unterhalten sich zwei Männer: »Ich lese im Augenblick das Kapital von Karl May«, sagt der eine.
Darauf der andere: »Du spinnst wohl. Das Kapital hat doch Karl Marx geschrieben.«
»Ach so«, meint der andere, »ich habe mich schon gewundert, daß so wenig Indianer vorkommen.«

Der Bauer ärgert sich, weil seine Sau keine Jungen bekommt. Ein Nachbar rät ihm, die Sau auf einen Schubkarren zu laden und ins nächste Dorf zum Eber zu fahren. Der Bauer tut's. Doch ohne Erfolg. Er wiederholt

die Prozedur. Wieder kein Erfolg. Am nächsten Morgen wird er von seinem aufgeregten Knecht auf den Hof gerufen.
»Was ist«, will der Bauer wissen, »hat sie geworfen?«
»Nein«, sagt der Knecht, »das nicht, aber das verflixte Vieh hockt schon wieder auf dem Schubkarren.«

Ein Bauer besitzt einen Papagei, der immer, wenn die Tür aufgeht, »Heil Hitler« ruft. Eines Tages hat der Bauer genug und steckt den Papagei in den Hühnerstall.
Sofort kommt der Hahn und fragt: »Sag mal, warum hat dich der Bauer denn hier eingesperrt?«
Der Papagei sieht ihn an, antwortet aber nicht.
»Ich geb dir vier von meinen Hühnern, wenn du es mir verrätst!«
Der Papagei schweigt.
»Ich gebe dir die Hälfte meiner Hühner, ich überlasse dir sogar alle, wenn du mir nur sagst, warum du hier bist«, drängt der Hahn.
Da macht der Papagei den Schnabel auf und schreit: »Kannst du mich nicht in Ruhe lassen? Ich bin ein Politischer.«

Drei Mäuse gingen in eine Bar, um einen zu trinken. Zur vorgerückten Stunde fingen sie an zu prahlen, wie tapfer sie seien.
Die erste Maus protzt: »Ha, ich werde jetzt nach Washington ins Weiße Haus gehen und diesen Nixon rauswerfen.«

»Und ich«, ruft die zweite Maus, »ich werde nach Moskau in den Kreml gehen und den Kerlen mal sagen, was ich von ihnen halte.«
Die dritte Maus hat geschwiegen. Jetzt erhebt sie sich, geht auf die Tür zu und sagt: »Ihr Feiglinge. Was wollt ihr eigentlich. Allein ich bin mutig. Ich gehe jetzt nämlich in die Küche und vergewaltige die Katze.«

Eine Dame kommt zum Einwohnermeldeamt. Der Beamte erkundigt sich nach ihren Personalien. Als er schließlich nach ihrem Beruf fragt, zögert die Dame einen Augenblick und meint dann mit einem frivolen Unterton in der Stimme: »Ach, machen Sie einfach einen Strich dorthin!«

Später Nachmittag – ein Friseur hat Hochbetrieb. Plötzlich reißt ein Mann die Tür auf und zählt hastig die wartenden Kunden: »Eins, zwei, drei, vier, fünf, sechs, sieben, acht, neun, zehn – sehr günstig!« Die Tür fliegt zu, weg ist er.
Der Friseur und sein Lehrbube sehen einander an – sagen aber nichts und arbeiten weiter.
Am nächsten Tag zur gleichen Zeit. Die Tür wird aufgerissen. – »Eins, zwei, drei, vier, fünf, sechs, sieben, acht, neun, zehn, elf, – zwölf! Sehr günstig!« Bums, Türe zu, fort ist er.
Sagt der Meister zu seinem Lehrling: »Paß einmal auf! Wenn dieser Heini morgen noch einmal kommt, läßt du alles liegen und läufst ihm nach! So etwas habe ich noch nie erlebt. Mich interessiert, was der will!«

Tags darauf: Tür auf. – »Eins, zwei, drei, vier, fünf, sechs, sieben, acht, neun, zehn, elf, zwölf, dreizehn, vierzehn! Äußerst günstig!« Die Tür fällt ins Schloß, und wieder ist der Mann weg.
Da läßt der Lehrbub Arbeit Arbeit sein, läuft dem Mann nach – und kommt nach zehn Minuten grinsend wieder. Der Friseurmeister neugierig: »Na, was ist los? Wer ist er? Wo war er?« Sagt der Lehrbub darauf: »Zuerst war er in einer Blumenhandlung – und dann bei Ihrer Frau!«

Zwei Freunde gehen jeden Tag bei jedem Wetter zum Angeln. Einmal bleibt der eine acht Tage weg. Fragt der andere: »Sag mal, wo warst du denn?«
»Du mußt entschuldigen, ich habe geheiratet.«
»Und, wie ist sie? Ist sie schön?«
»Nein, schön ist sie nicht.«
»Hat sie wenigstens Geld?«
»Nein, Geld hat sie auch nicht.«
»Aber irgendwas wird sie doch haben?«
»Würmer hat sie, Würmer ...!«

Der Biologielehrer betritt das Klassenzimmer. »So, Kinder«, sagt der munter, »und heute beginnen wir mit dem Aufklärungsunterricht.«
Meldet sich der zehnjährige Hansi: »Herr Lehrer, die, die schon Weiber gehabt haben, dürfen die Fußball spielen?«

Im Jahre 2000 ist es endlich gelungen, eine Expedition auf den Mars zu schicken. Marsmenschen und Erdbewohner tauschen eifrig ihre Erfahrungen aus. Besonders interessiert zeigt sich der irdische Astronaut an der Fortpflanzung auf dem Mars.

»Das ist ganz einfach«, versichert ihm der Marsmensch und führt ihn zu einem Automaten. Er holt einen kleinen grünen Ball aus der Tasche, wirft ihn in einen Schlitz, drückt einen Knopf, der Automat beginnt zu rattern, und fünf Sekunden später wirft die Maschine einen kleinen Marsbewohner aus.

Der Erdenmensch ist tief beeindruckt, und seine Schil-

derung zeigt, daß es auf der Erde wesentlich länger dauert und auch nicht ganz so einfach ist.

»Ach«, sagt der Marsmensch, »die Methode kennen wir natürlich auch. So machen wir hier die kleinen grünen Bällchen.«

Ein Mann hat geheiratet, ohne von Frauen eine Ahnung zu haben, erst recht nicht von den Erfahrungen seiner

Frau. Vor der Hochzeitsnacht weiß er nicht so recht, wie er seiner Angetrauten alles erklären soll. Kurz entschlossen versucht er es mit einer Radikalkur.
Er zieht sich schnell aus, deutet auf seinen ruhenden Penis und fragt seine Frau: »Weißt du, was das ist?«
Sie wird ein wenig rot, antwortet aber ohne zu zögern: »Das ist ein Mäuschen.«
Da wirft sich ihr Mann selbstbewußt in die Brust, plustert sich auf wie ein gekränkter Hahn und flüstert seiner Frau ins Ohr: »Mein Kind, von jetzt an wollen wir das einen Hammer nennen.«
»Übertreib nicht«, sagt die Frau, »Hämmer hab ich schon viele gesehen, du würdest staunen, aber das da, das ist ein Mäuschen.«

»Igor«, sagt der Pope, »warum gehst du nicht mehr in die Kirche?«
»Ich habe meine Kirche zu Hause«, sagt Igor, »komm mit, ich zeige sie dir.«
Sie gehen in Igors Wohnung. Dort angekommen, bemerkt der Pope ein dreistöckiges Bett. Fragend sieht er Igor an.
»Siehste Pope, da oben schlafen meine Söhne. Sie singen wie Engel. In der Mitte schläft meine Schwiegermutter, die predigt den ganzen Tag. Und unten liegt meine Dunja, die orgelt mit mir die ganze Nacht.«

Ein Student hat einen Job im Zoo. Er soll in die Haut eines Gorillas schlüpfen, der tags zuvor gestorben ist. Der Gorilla war der Liebling des Publikums und der

Wärter sagt zu ihm: »Du mußt brüllen, dich von Ast zu Ast schwingen, damit die Leute nichts merken.«
Der Student gibt sein Bestes. Die Leute spenden Beifall. Seines Erfolges sicher, hängt der Student sich an ein langes Seil und schwingt im großen Bogen in einen anderen Käfig.
Als er landet, bemerkt er, daß er in einem Löwenkäfig ist. Er vergißt, einen Gorilla zu spielen, und brüllt aus Leibeskräften: »Hilfe, Hilfe, die bringen mich um.«
Da ruft einer der Löwen: »Blöder Hund, halt deine Klappe, sonst sind wir unseren Job los.«

Ein frisch vermähltes Paar ist auf einem Fest. Um Mitternacht gehen sie nach Hause und dann gleich ins Bett. »Oh«, meint er, »dieses Gebirge, das Tal und diese reizende kleine Wiese ...« Dann schläft er ein.
So geht das drei Nächte lang. In der vierten Nacht beginnt er wieder zu schwärmen: »Oh, dieses Gebirge ...« Und schläft wieder ein.
Da rüttelt ihn seine Frau wach und sagt zornig: »Wenn jetzt nicht sofort ein Baum auf dieser Wiese steht, ist sie sofort verkauft.«

Drei Prostituierte aus Köln beschließen, auf Wanderschaft zu gehen. Sie verabreden, sich nach einem Jahr wieder auf dem Domplatz in Köln zu treffen, um ihre Erlebnisse auszutauschen. Die erste geht nach London, die zweite nach Paris, die dritte nach Rom. Ein Jahr ist vergangen, die drei treffen sich an dem vereinbarten Ort.

Die erste ist schäbig gekleidet und hat keinen Pfennig Geld. Sie sagt deprimiert: »Es war nichts los.«
Die zweite ist aus Paris mit einem VW angereist, und hat gerade genug Geld für ein Hotelzimmer.
Die dritte schließlich rauscht mit einem nagelneuen Maserati an, trägt einen Nerz und zeigt gut gelaunt ein Paket Banknoten. Die beiden anderen reißen die Augen auf und sehen sie neidvoll an.
Darauf die Rom-Touristin: »Tja, meine Lieben, ich hatte Glück, in Rom war gerade ein Konzil.«

Ein Frosch kommt in den Himmel. Nach seinem Lebenswandel befragt, antwortet er: »Ich bin nur in den Teich gesprungen.« Ein zweiter Frosch, der im Himmel angekommen ist, erzählt dasselbe. Schließlich kommt ein reizendes Froschmädchen. Sie hat wunderschöne Samtaugen und lächelt kokett. Dann sagt sie: »Ich saß mein ganzes Leben in dem Teich.«

Ein Boxerhund geht spazieren. Da sieht er vom dritten Stock einen Schäferhund herunterschauen. »Komm herunter, Spezi«, bellt er hinauf.
»Kann nicht, bin eingesperrt.«
»Dann spring doch runter.«
»Bin ich blöd? Meinst du, ich will aussehen wie du!«

Ein Mann kommt zum Arzt. »Herr Doktor, ich liebe mein Pferd!«
»Aber das ist doch nicht schlimm, viele Menschen lieben ihre Tiere.«

»Aber ich liebe mein Pferd physisch.«
Interessiert fragt der Arzt: »Ist es ein Hengst oder eine Stute?«
»Natürlich eine Stute. Glauben Sie, ich bin pervers?«

Ein Verkehrspolizist stoppt einen Autofahrer, der bei Rot über die Kreuzung gefahren ist, und reicht ihm seine Pistole.
»Was soll denn das?« fragt der Verkehrssünder.
»Nehmen Sie das«, sagt der Polizist, »damit geht's schneller.«

Ein junger Mann wird vor Gericht vernommen. Der Richter blickt noch einmal in seine Akten und bemerkt, daß der Junge noch nicht 16 ist.
»Warum haben Sie das nicht vorher gesagt«, schimpft der Richter, »Sie hätten ja gar nicht vereidigt werden können.«
»Entschuldigen Sie«, sagt der junge Mann, »ich wußte nicht, daß ich noch nicht zeugungsfähig bin.«

Nach einem langen arbeitsreichen Tag sinkt ein Vertreter abends todmüde in sein Hotelbett. Er schläft sofort ein und fängt nach kurzer Zeit an zu schnarchen. Damit raubt er einer jungen Frau im Nebenzimmer den Schlaf. Sie liegt eine Stunde lang wach im Bett. Dann wird es ihr zuviel und sie klopft dreimal kräftig an die Wand. Der Mann schnarcht weiter. Nach dem zweiten Versuch hört das Schnarchen für einen Moment auf, doch dann legt der Mann wieder los.

Am nächsten Morgen sitzt die junge Frau völlig übernächtigt am Frühstückstisch und faucht den Mann an: »Haben Sie denn mein Klopfen nicht gehört?«
»Schon«, sagt der Mann, »Sie müssen verstehen, dazu war ich einfach zu müde.«

Ein Lehrer fragt seine Schüler: »Was ist schneller als ein Auto?«
Die Kinder tippen auf Flugzeug, Rakete, Licht. Der Lehrer schüttelt den Kopf und sagt: »Alles falsch, am schnellsten ist der Gedanke.«
»Das kann nicht sein«, sagt Fritzchen, »es muß noch etwas Schnelleres geben. Letzte Nacht hörte ich, wie mein Vater zu meiner Mutter sagte: ›Das ging schneller, als ich dachte.‹«

Anzeige in einer Tageszeitung: Suche jungen Mann, der mich letzten Samstag um 22 Uhr im Stadtpark geküßt hat. Bin sonst leider gezwungen, meinen Verlobten zu heiraten.

Fritz will seinem Freund Karl, der soeben zum zwölftenmal Vater geworden ist, gratulieren. Wie er an der Wohnungstür läutet, watschelt ihm eine Ente entgegen. »Sag mal, Karl, seit wann hältst du denn Enten in der Wohnung?«
»Ente ist gut. Das ist doch der Storch, der hat sich bei mir die Beine abgelaufen.«

In einer Kneipe treffen sich jeden Freitagabend drei

Taubstumme zum Skatspielen. Einmal muß der Wirt verreisen und sagt zum Aushilfskellner: »Du, behandle mir die Leute gut. Ist auch ganz einfach. Wenn sie die

Faust ballen, das heißt: ein Bier; gestreckter Daumen: einen Schnaps.« Als er zurückkommt, fragt er den Kellner: »Na, hat's geklappt?«
»Ja, es ging ganz gut. Wenn sie die Faust geballt haben, habe ich ihnen ein Bier gebracht, und bei gestrecktem Daumen gab's einen Schnaps. Aber etwas versteh' ich nicht. Um Mitternacht legen sie die Karten beiseite, reißen die Mäuler auf, schnappen nach Luft, machen sie zu, reißen sie auf. Ich wußte gar nicht, was sie wollten.«
»Na, das ist doch ganz einfach. Um Mitternacht sind sie besoffen, dann singen sie.«

Auf dem Münchner Hauptbahnhof verlangt der Bauer am Sonntagmorgen eine Fahrkarte. Der Schalterbeamte, der nicht weiß, ob der Fahrgast eine Rückfahrkarte will, fragt: »Bloß hie?«
Der Bauer: »Hä?«
Beamter: »Bloß hie?«
Bauer: »Hä?«

Da wird es dem Mann hinter dem Schalter zu bunt und er schreit: »Bloß hin?«
Da sagt der Bauer: »Ja sakra, wo soll i denn hinblosen?«

Münchner Trambahn. Freitag 18 Uhr. Die Bahn ist voll besetzt. Vor einem Bauarbeiter steht ein hübsches Mädchen im Supermini. Nach einiger Zeit tippt der Mann dem Mädchen auf die Schulter: »Entschuldigen Sie, was Sie da so drückt, ist mein Wochenlohn, ich habe heute nur Hartgeld bekommen.«
Darauf das Mädchen: »Gegen Ihr Hartgeld habe ich nichts, aber ich glaube nicht, daß Sie seit der letzten Haltestelle Lohnerhöhung bekommen haben.«

Eine Amerikanerin hat drei Töchter. Die heiraten am gleichen Tag. Noch in der Hochzeitsnacht ruft sie ihre Töchter an, um sich nach ihrem Befinden zu erkundigen.
Die erste fragt sie: »Hallo darling, was ist?«
»Oh, like Coke.«
Darauf ruft die Mutter die Firma Coca Cola an und erhält die Auskunft: »Here Coca Cola, fresh and cold.«
Die zweite Tochter sagt am Telefon: »Like Pall Mall.«
Von der Firma Pall Mall erhält die Mutter die Auskunft: »Here Pall Mall, long and sweet.«
Die dritte Tochter antwortet: »Like PAA.«
Schließlich ruft die Mutter PAA an und erhält die Antwort: »Here PAA, we start all five minutes.«

Kennedy, Adenauer und Ulbricht werden in der Wüste von Beduinen gehetzt. Nach einiger Zeit wirft Adenauer

einen Zettel weg. Die Beduinen heben den Zettel auf, lesen ihn und laufen weiter. Atemlos fragt Kennedy Adenauer: »Was stand auf dem Zettel?«
Darauf Adenauer: »Wenn Ihr die Verfolgung aufgebt, bekommt Ihr eine Million Entwicklungshilfe.«
Auch Kennedy schreibt einen Zettel. Inhalt: »Wenn Ihr stehenbleibt, bekommt Ihr 5 Millionen.«
Achselzucken bei den Beduinen. Die Beduinen kommen in bedrohliche Nähe, da schreibt Ulbricht einen Zettel. Die Beduinen lesen ihn und bleiben stehen und sind in Sekunden wie vom Erdboden verschwunden.
Adenauer und Kennedy sehen ihn fragend an. Da sagt Ulbricht: »Auf meinem Zettel stand: ›Wenn Ihr so weiterlauft, dann seid Ihr in 10 Minuten in der DDR.‹«

Großvater, Vater und Sohn wollen in Paris das Nachtleben studieren.
Am ersten Abend macht sich der Sohn zurecht. Rasiert, parfümiert und frisiert zieht er los. Am anderen Morgen kommt er selig lächelnd wieder ins Hotel und sagt: »Oh, diese Pariser Frauen haben Temperament.«
Am nächsten Abend macht sich der Vater auf den Weg. Auch er kommt am nächsten Morgen mit verklärtem Lächeln zurück ins Hotel. »Oh, diese Pariser Frauen, die haben Charme.«
Am dritten Abend schließlich versucht der Großvater sein Glück. Die Nacht geht vorbei – er bleibt aus. Der Tag geht vorbei und die folgende Nacht auch. Vater und Sohn machen sich schon Sorgen um Großvater. Doch am Morgen taucht der Alte schließlich auf.

Mit strahlendem Gesicht geht er auf die beiden zu und flüstert: »Oh, diese Pariser Frauen, die haben Geduld.«

Eine alte Frau sitzt im Zug. Neben ihr steht ein großes Paket. Ein junger Mann betritt das Abteil und will sich neben die alte Frau setzen.
»Achtung, die Eier«, warnt die Frau besorgt.
»Aha«, meint der junge Mann, »da sind wohl Eier drin«, und deutet auf das Paket.
»Nein«, sagt die Frau, »Stacheldraht.«

Der Oberbrandmeister der Feuerwehr hat geheiratet. Für seine Kollegen veranstaltet er ein großes Fest. Während seine Freunde und Kollegen weiterfeiern, zieht er sich zurück. Doch vorher gibt ihm ein bewährter Feuerwehrmann noch einen Tip: »Du mußt es mit den Frauen genauso machen, wie wir bei der Feuerwehr: Genaue Kommandos geben.«
Der Oberbrandmeister geht mit seiner Frau ins Schlafzimmer und brüllt:

»Kommando 1: ausziehen! Kommando 2: ins Bett! Kommando 3: anfangen.«
Nach einiger Zeit brüllt seine Frau: »Kommando 4!«
Der Feuerwehrmann verdutzt: »Kommando 4? ... kenn ich nicht.«
Darauf die Frau: »Mehr Schlauch, mehr Schlauch.«

Mao Tse-tung, Chinas Mann Nr. 1, fragt auf einer Inspektion in einer Schule einen der kleinen Knirpse: »Wer ist deine Mutter?«
Enthusiastisch ruft dieser, wie er es gelernt hat, aus: »Der chinesische Patriotismus ist meine Mutter!«
Mao Tse-tung: »Und wer ist dein Vater?«
»Mao Tse-tung ist mein Vater!«
Mao: »Und was möchtest du werden?«
Daraufhin meint der Kleine trocken: »Vollwaise!«

Lehrlinge in der Berufsschule werden geprüft. »Was tun Sie, wenn im Geschäft eine Kundin ohnmächtig umfällt?«
Lehrling Müller: »Ich reiße der Dame die Bluse auf, alles andere überlasse ich dann dem Chef!«

Der Arzt kam aus dem Schlafzimmer und fragte den bangenden Ehemann: »Haben Sie einen starken Draht?« Der Doktor bekam ihn und verschwand. Nach wenigen Minuten erschien er wieder und wollte einen stabilen Schraubenzieher. Herr Grimm brachte ihn bebend herbei. Und wieder tauchte der Arzt auf. Der Schweiß stand ihm auf der Stirn: »Einen Meißel! Schnell, einen Meißel!«

»Mein Gott«, erschauerte der Ehemann. »Ist es ein Junge oder ein Mädchen?«
»Was weiß ich?« wehrte der Doktor ab. »Vorläufig habe ich noch nicht einmal meine Instrumententasche aufbekommen!«

Erich zu Erika: »Wollen wir den Abkürzungsweg durch den Wald nehmen?«
»Nein«, antwortet Erika. »Heute hab' ich's eilig.«

Beklagt sich ein Glühwürmchen bei seinem Kameraden: »Meine Augen werden von Tag zu Tag schlechter.«
»Wieso?« fragt ihn sein Gefährte.
»Gestern abend habe ich doch eine halbe Stunde mit einer Zigarettenkippe geflirtet.«

Frau Lehmann kauft auf dem Wochenmarkt in Berlin Weintrauben. »Sind die vielleicht mit E 605 gespritzt«, fragt sie besorgt den Obsthändler, »die soll nämlich mein kranker Mann bekommen.«
»Wat denn, wat denn«, sagt der Händler, »for ene Mark fuffzich ooch noch Jift? Det müssen Se schon selber inne Apotheke kofen.«

Bonaparte unterhielt sich mit seinem Leibarzt über die Vorzüge, die eine geistreiche gegenüber einer nur schönen Frau hat.
Bonaparte: »Eine schöne Frau ohne Geist käme mir vor wie ein schönes Pferd, mit dem man nicht sprechen kann.«

»Sehr wohl, Majestät«, sagt der Arzt, »aber man besteigt es doch.«

Eine Sechzehnjährige kommt zum Arzt. Der untersucht sie und stellt fest, daß sie schwanger ist.
»Ach du großer Gott«, jammert das Mädchen, »wäre ich doch damals mit meinen Eltern ins Kino gegangen.«
»Und warum haben Sie das versäumt?« fragt der Arzt.
»Ich konnte ja nicht, der Film war für Jugendliche unter achtzehn nicht zugelassen.«

Die UdSSR bekommt von den Arabern den Auftrag, für sie besonders leicht zu bedienende Kampfflugzeuge zu bauen. Die Sowjetunion erfüllt den Freunden den Wunsch. Nur noch drei Knöpfe müssen bedient werden. Als die Maschinen fertig produziert sind, erklärt ein russischer Testpilot den arabischen Piloten die Handhabung: »Der mittlere Knopf ist für den Start und für den geraden Flug, der linke ist für die Links- und der rechte für die Rechtskurve.«
»Und, welchen Knopf bedienen wir, wenn wir landen wollen?« fragt einer der arabischen Piloten.
»Keinen«, sagt der sowjetische Testpilot, »das besorgen die Israelis.«

Zwei Greise unterhalten sich.
Sagt der eine: »Schau mich an, ich rauche nicht, ich trinke nicht, ich jage nicht mehr hinter Frauen her, und morgen werde ich meinen 80. Geburtstag feiern.«
Darauf der andere Greis: »Wie?«

Hein ist eine Verkaufskanone. Er bringt alles los, jeden Restposten, den ältesten Ladenhüter, einfach alles. Trotzdem hat der Chef Bedenken, ihn zum Substituten zu machen. Er will ihn erst noch einmal testen und läßt einen Anzug anfertigen. Einen furchtbaren Anzug. Lila Sakko mit getupftem Revers und knallgelben Volants, die Hose rosa kariert mit Blümchenapplikationen, die Weste leicht gefranst. Einfach entsetzlich. Und schadenfroh wandert der Chef durch die Abteilung und fragt: »Na, Hein, haben Sie den Anzug verkauft?«

»Natürlich, der ist verkauft.«

»Was, den haben Sie verkauft? Und was hat der Kunde gesagt?«

»Ach, der hat eigentlich nichts gesagt. Nur der Blindenhund, der hat geknurrt.«

In einem wilden Schneegestöber bleibt das Auto eines jungen Mannes stehen. Reifenpanne. Da es bitter kalt ist, steigt er alle paar Minuten ins Auto um seine Finger zu wärmen. »Laß mich sie wärmen«, sagt das Mädchen und legt sie freundlich zwischen ihre Schenkel.

Dort werden die Finger schnell wieder warm. So geht das einige Male. Immer wenn beim Montieren die Hände blau gefroren sind, legt er sie an die bewährte Stelle.

Schließlich ist die Montage fertig. Der junge Mann will sich zum letztenmal die Finger wärmen, da haucht seine Freundin: »Liebling, hast du nicht auch kalte Ohren?«

Vor einem Mauseloch sitzen graue und weiße Mäuse. Plötzlich kommt eine Katze. Alle grauen Mäuse huschen

flink ins Loch, die weißen passen nicht mehr rein. Sie sind der Katze ausgeliefert. Eine weiße Maus hat plötzlich eine Idee. Sie streut weißes Pulver vor das Mauseloch. Da stürzen alle grauen Mäuse raus und machen den weißen Platz. Die weißen Mäuse sind begeistert und umarmen voller Freude die Maus, die die großartige Idee hatte.
»Was hast du denn da gestreut«, fragen die anderen.
»Ganz einfach«, sagt die Maus, »Dash.«

Eine attraktive Blondine läßt sich von einem Psychotherapeuten beraten.
»Wo fehlt's denn«, fragt der Arzt.
»Ich fürchte«, sagt das Mädchen und wird rot, »ich bin eine Nymphomanin.«
»Ich kann Ihnen sicherlich helfen«, sagt der Arzt, »aber das ist eine teure Sache, Sie müssen schon 50 Mark für die Stunde bezahlen.«
»Nicht schlecht«, sagt das Mädchen, »und wieviel wollen Sie für die ganze Nacht?«

Fritzchen geht am Sonntagvormittag mit einer Kuh an der Leine durch sein Heimatdorf. Kommt ihm der Pfarrer entgegen und fragt ihn, wohin er denn am Sonntag mit der Kuh wolle. Fritzchen antwortet, daß er sie zum Decken zu einem Bullen bringen wolle. Fragt ihn der Pfarrer, ob denn sein Vater das nicht machen könne. Darauf Fritzchen: »Nein, Herr Pfarrer, das muß schon ein richtiger Bulle sein.«

Erwin war auf Geschäftsreise. Erst kurz vor der Grenze fällt ihm auf der Heimreise ein, daß er noch kein Mitbringsel für seine Frau hat. Rasch ersteht er an einem Kiosk einen süßen kleinen Minischirm und steckt ihn in die Hosentasche. Bei der Grenzkontrolle ist der Zöllner besonders gründlich. Erwin muß sich sogar einer Leibesvisitation unterziehen. Der Zollbeamte tastet ihn von oben bis unten ab und fühlt dabei auch den Minischirm.
»Was ist das?« fragt er streng.
»Eine süße kleine Überraschung für meine Frau!«
Der Zöllner nickt anerkennend: »Dann fahren Sie aber mal ganz rasch nach Hause . . .«

Der clevere Geschäftsmann zu einem Kollegen: »Seit meine Frau und ich getrennte Betten haben, hat sich unser Liebesleben gewaltig gebessert.«
Darauf sein Gegenüber: »Ja? Und warum?«
»Ganz einfach. Ihr Bett steht in Hamburg, meines in Paris.«

Ein Russe will einen westlichen Besucher von der Möglichkeit friedlicher Koexistenz überzeugen und führt ihn in den Zoo. Vor einem Käfig, in dem ein Wolf und ein Lamm untergebracht sind, sagt er: »Wie diese beiden Tiere können auch Kapitalismus und Kommunismus friedlich nebeneinander leben.«

Der Gast ist beeindruckt: »Wie macht ihr denn das nur, Wolf und Lamm in einem Käfig?!«

»Nur eine Frage der Organisation«, ist die Antwort, »wir stecken einfach jeden Tag ein neues Lamm in den Käfig.«

Ein Förster kommt in den Wald und entdeckt drei Zwerge. »Wer seid Ihr denn?«

Darauf die Zwerge: »Wir sind die sieben Zwerge, Schneewittchen kommt gleich.«

»Wieso«, sagt der Förster, »die sieben Zwerge, ihr seid doch nur drei?«

Da meint der kleinste: »Ja, was soll man machen, man kriegt ja keine Leute ...«

Ein junger Mann lernt ein hübsches, junges Mädchen kennen. Die kommende Nacht verbringen sie gemeinsam. Am andren Morgen sagt er: »Du warst wunderbar, wünsch dir was, ich schenke dir, was du willst, am Geld soll es nicht fehlen.«

Darauf antwortet sie: »Kauf mir ein Taschenmesser, eins, an dem alles dran ist, Korkenzieher, Nagelreiniger, Schraubenzieher usw.«

Er ist völlig verblüfft, läuft aber ins nächste Kaufhaus, um dem Mädchen den Wunsch zu erfüllen. Als er es

ihr übergeben hat, sagt er: »Nun sag mir, wie kommst du zu so einem bescheidenen Wunsch?«
Darauf sie: »Ich habe schon eine ganze Sammlung. Jetzt bin ich noch jung und schön, wenn ich älter werde, wird es mit der Liebe schwierig. Dann greif ich zu meinen Taschenmessern. Ich kenne keinen Pfadfinder, der nicht für ein Taschenmesser alles täte.«

Die Bundeswehr hat Manöver. An einer Brücke, die über einen Bach ins Gelände führt, steht auf einem Schild mit großen Lettern geschrieben: »Die Brücke ist im Manöver gesperrt.«
Der General, der dem Manöver als Beobachter beiwohnt, fällt plötzlich fast von seinem Hochsitz, von dem aus er das Geschehen beobachtet. Er reißt seinen Feldstecher an die Augen und sieht, wie der letzte Soldat auf dem Rücken ein Schild trägt, auf dem steht: »Wir schwimmen.«

Ein Auto fährt mit überhöhter Geschwindigkeit durch eine geschlossene Ortschaft. Eine Polizeistreife stoppt den Wagen. Der Polizist: »Wie können Sie mit 80 durch eine Ortschaft fahren?«
Darauf der Fahrer empört: »Aber, Herr Wachtmeister, es ist nur meine Mütze, die mich so alt macht.«

Ein Betrunkener steht vor der katholischen Kirche und kübelt wie ein Reiher. Ein Polizist kommt vorbei, sieht das und meint: »Mann, Sie können doch nicht einfach den Platz vor dem Hause Gottes so verunreinigen!«

Der Betrunkene: »Das macht doch nichts, ich bin ja evangelisch.«
»Aber was würde wohl Ihr Dr. Martin Luther sagen«, fragt der Polizist.
Antwort: »Um Gottes willen, nun hören's mir bloß mit diesen Vertrauensärzten auf!«

Pressekonferenz. In der Pause drängt sich ein sehr eiliger Journalist an einer Gruppe vorbei und tritt dabei jemandem auf den Fuß. Er entschuldigte sich: »Pardon.« Der andere hat es nicht bemerkt und schaut ihn verwundert an, dann erhellt sich sein Gesicht, und mit einer leichten Verbeugung sagt er: »Angenehm, twen!«

In einem kleinen Dorf hoch oben im Gebirge taucht eines Tages ein Fremder auf. Die Kinder rennen johlend hinter ihm her. Eine alte Frau verbietet es ihnen: »Ihr dürft ihn nicht auslachen! Was kann der arme Mann dafür, daß er keinen Kropf hat?«

»Wie sind Sie mit meiner neuen Mausefalle zufrieden?«
»Großartig! Heute morgen lagen wieder drei Mäuse davor, die sich über das System totgelacht haben.«

Der Papst und Kiesinger gehen über den Kölner Domplatz. Der Papst bemerkt die vielen Tauben und er fragt Kiesinger: »Sind die eigentlich evangelisch oder katholisch?«
Ratlos zuckt Kiesinger die Schultern. »Vielleicht weiß es einer der Taxifahrer«, meint er.

Schon geht der Papst auf einen los. »Sagen Sie mal«, spricht er einen an, »wissen Sie, ob die Tauben katholisch oder evangelisch sind?«

»Nee«, sagt der Taxifahrer zum Papst, »das weiß ich nicht, ich weiß nur, daß die alle Mitglieder der CDU sind.«

»Warum denn das«, fragt der Papst.

»Naja, wissen Sie«, sagt der Taxifahrer, »wenn die unten sind, fressen sie einem aus der Hand, sind sie oben, dann bescheißen sie einen.«

Eines Morgens wird in einem Bonner Ministerium ein Baby gefunden. Die Beamten und Angestellten sind verwirrt. Da sich keine Hinweise auf die Herkunft des Kindes ermitteln lassen, wird eine Untersuchungskommission eingesetzt. Ein Jahr vergeht. Dann kommt die Kommission zu folgendem Ergebnis: Das Kind kann nicht von einem Angestellten aus dem Ministerium sein, weil in dem Ministerium noch nie etwas fertiggestellt wurde, was Zukunft hat, weil noch nie etwas fertig wurde, was Hand und Fuß hat und weil noch nie innerhalb von neun Monaten etwas vollendet wurde.

Ein Menschenfresser fliegt vom Kongo nach Europa. Eine Stewardeß reicht ihm die Speisekarte. Der Kongolese studiert sie und sagt: »Geben Sie mir doch lieber die Passagierliste.«

Ein junger Mann fragt seinen zukünftigen Schwiegervater, ob er seine Tochter heiraten dürfe. Darauf dieser:

»Mein Freund, sind Sie überhaupt in der Lage, eine Familie zu unterhalten?«
»Aber gewiß«, sagt der Freier, »ich habe zu Hause eine große Stereoanlage und 300 Platten.«

In einem Düsenflugzeug, das gerade abstürzt, sitzen fünf Leute aus dem Ostblock. Ein Russe, ein Pole, ein Bulgare, ein Tscheche und ein Rentner aus der DDR. Nun sind aber nur vier Fallschirme an Bord. Als erster springt der Russe auf, schnappt sich einen Fallschirm und ist auch schon verschwunden. Der Pole und der Bulgare folgen ihm.
»Um den letzten Fallschirm müssen wir wohl losen«, sagt der Tscheche.
»Ist nicht nötig«, antwortet der Rentner, »der Russe ist nämlich mit meinem Rucksack abgesprungen.«

»Sie behaupten also, daß Ihre Gattin einen Stuhl nach Ihnen geworfen hat?«
»Ja, so war es!«
»Und warum verließen Sie dann fluchtartig die gemeinsame Wohnung?«
»Weil ich sah, daß meine Schwiegermutter nachdenklich das Büfett betrachtete.«

Zwei Deutsche kommen nach Paris und wollen sich ganz weltmännisch geben. Großspurig brüllt der eine: »Mister Ober, two Martinis.«
Pflichtbewußt fragt der Kellner: »Dry or ...«
»Nix drei«, brüllt der eine, »zwei habe ich gesagt.«

Die rassige Schönheit steht vor dem Scheidungsrichter. »Haben Sie gültige Beweise für die Untreue Ihres Gatten, gnädige Frau?« fragt der Richter.
»Gewiß«, erwidert die Schöne. »Er hat's ja selbst zugegeben. In aller Öffentlichkeit hat er erklärt, daß er nicht der Vater meines Sohnes sei!«

»Was ist denn mit Ihrem Kater los«, fragt ein Gartenbesitzer seinen Nachbarn, »der flitzt ja wie ein Irrer durch sämtliche Gärten.«
»Nun ja«, sagt der Nachbar, »ich habe ihn gestern kastrieren lassen, nun sagt er alle Rendezvous ab.«

Ein evangelischer Pfarrer kommt in den Himmel. Petrus gibt ihm einen VW und sagt: »Schau dir einmal unsere schöne Milchstraße an.« Der evangelische Pfarrer ist noch gar nicht lange gefahren, als ihm ein Mercedes entgegenkommt. Darin sitzt ein katholischer Pfarrer. Der evangelische Pfarrer kehrt empört zu Petrus zurück und beklagt sich. Dieser antwortet: »Bedenke, er hatte nicht die gleichen Freuden wie du auf Erden.« Der evangelische Pfarrer gibt sich zufrieden und fährt wieder auf die Milchstraße. Da kommt ihm ein Rabbiner in einem Cadillac entgegen, erbost darüber und mit dem Bewußtsein, daß dieser dieselben Freuden wie er auf Erden hatte, kehrt er zum Petrus zurück und beklagt sich. Dieser macht ein ratloses Gesicht und antwortet ihm: »Da kann ich nichts machen, da kannst du nichts machen, das ist die Verwandtschaft mit dem Herrn!«

Ein mürrischer Farmer, der Kinder haßte, heiratet seine hübsche Haushälterin, Mutter eines sechsjährigen Jungen. Bald nach der Hochzeit fuhr die junge Frau für einige Tage in die nächste große Stadt, um Besorgungen zu machen. Nach ihrer Rückkehr fragte sie ihren kleinen Sohn, wie er sich mit seinem neuen Papi verstanden hatte.

»Es ging«, antwortet der Junge. »Jeden Morgen ist er mit mir im Ruderboot zur Mitte des Sees gefahren und hat mich zurückschwimmen lassen.«

»Du lieber Himmel!« sagte die Mutter. »War das nicht viel zu weit für dich?«

»Ach, ich hab's ganz gut geschafft«, sagt der Kleine. »Das einzig Schwierige war nur, aus dem Sack herauszukommen!«

Es geschah im heißen Sommer 1968. Ein gutaussehender braungebrannter junger Adonis betritt während eines Urlaubs an der Costa Brava versehentlich das Zimmer einer älteren englischen Dame. »Oh, Verzeihung«, stottert er verwirrt, »ich muß mich geirrt haben.«

»Nicht unbedingt junger Mann, Sie kommen nur zwanzig Jahre zu spät«, erwiderte die liebenswürdige Lady.

Ein Fremder besucht die bayerische Landeshauptstadt. Er schaut die Denkmäler und Museen an, und als er einem Mann begegnet, der wie ein Einheimischer aussieht, da fragt er: »Sagen Sie, guter Freund, können Sie sagen, wie ich am schnellsten ins naturwissenschaftliche Museum komme?«
»Ja mei«, erwidert der Münchner nach kurzer Überlegung, »da lassens Eahna am besten ausstopfn.«

Ein Reporter interviewt den Jubilar: »Welchem Umstand schreiben Sie es hauptsächlich zu, daß Sie hundert Jahre alt geworden sind?«
»Meiner Geburt im Jahre 1871.«

Ein Tourist berichtet über seine Reise durch die USA: »Es war herrlich, nur zweierlei hat mich gestört. Erstens diese Rassen-Diskriminierung und zweitens diese Neger auf Schritt und Tritt.«

Der alte Björn liegt im Sterben. Er ruft seine Frau ans Bett und flüstert: »Heike, zieh noch mal dein Brautkleid an, es stand dir so gut.«
Gerührt erfüllt ihm Heike den Wunsch. Sie fühlt plötzlich all ihre Liebe zu ihm wieder aufblühen. Und als sie im Brautkleid dasteht, haucht sie: »Gefalle ich dir, Björn?«

Der alte Björn schaut kurz hin und murmelt: »Das spielt jetzt keine Rolle. Aber wenn der Tod zur Tür hereinkommt, gefällst du ihm vielleicht besser als ich.«

Der alte Mandelbaum macht sich Gedanken über die Zukunft seines Sohnes. Er geht zum Rabbi: »Rabbileben, was wird er werden, mein Sohn Itzig?«
Der Rabbi überlegt und sagt dann: »Wir werden es so machen: Wir legen auf den Tisch den Talmud, die Thora und ein Scheckbuch und lassen deinen Sohn wählen. Wird er nehmen den Talmud, wird er werden ein Rabbi, wird er nehmen die Thora, wird er werden ein Rechtsanwalt, wird er nehmen das Scheckbuch, wird er werden ein großer Kaufmann.«
Es wird gemacht. Der junge Itzig sieht sich die Auswahl an und nimmt kurzentschlossen alle drei.
Fragt Mandelbaum ratlos: »Was wird er nun werden, mein Sohn Itzig?«
Der Rabbi schüttelt den Kopf: »Gott der Gerechte, wird er werden katholischer Pfarrer.«

Die Marie hat ihren Mann beerdigt. »Herr Pfarrer, wo kann er jetzt sein?«
»Er steht vor der Pforte zum Paradies, Marie.«
»Vor der Pforte? Darf er denn nicht hinein?«
»Er darf hinein, weil er ein braver Mann war, aber Sie haben ihm solche Hörner aufgesetzt, daß Petrus erst das Eingangstor vergrößern lassen muß.«

Auf einer Geflügelausstellung fragt ein Besucher einen

Züchter: »Woran erkennen Sie das Alter eines Truthahns?«
»An den Zähnen«, antwortet der Züchter.
»An den Zähnen? – Der Truthahn hat doch gar keine Zähne.«
»Er nicht, aber ich.«

An der Tür zum Schlafzimmer wird Dr. Meier von seiner Frau empfangen. Sie trägt ein hauchdünnes Nachthemd. »Sieh mal, Schatz, wie aufmerksam. Das schickte mir heute das Hotel, in dem du vor einigen Tagen während des Kongresses gewohnt hast.«

Ein Maler bekommt von einem Kunstliebhaber den Auftrag, eine »Leda mit dem Schwan« zu malen.
»Vorher oder nachher«, fragt der Künstler.
»Am liebsten während.«

Die Frauen eines Fußball-Bundesliga-Vereins wollen sich von ihren Männern scheiden lassen, weil mit ihnen nichts mehr anzufangen ist. Warum? Hinten sind sie am Fummeln, vorne kriegen sie keinen rein, aber absteigen wollen sie auch nicht.

Ein junger Soldat fährt mit der Bundesbahn nach Hause. Der Spieß hat ihn bisher nicht zum Friseur bringen können, und so hat er noch seine lange Mähne und einen Vollbart.
Ihm gegenüber sitzt ein älterer Herr und meint: »Einen schönen Christuskopf haben Sie.«

Darauf der Soldat: »Das sagte schon der Spieß zu mir.« Der ältere Herr ist erstaunt.
Der Soldat fährt fort: »Als ich ins Kompaniegebäude kam, sagte der Spieß: ›Herrjesses, Herrjesses, mir bleibt auch nichts erspart.‹«

Klein Erna sagt in der Schule ein Gedicht auf:
»Ein Fischer saß am Elbestrand
und hielt 'ne Angel in der Hand.
Da möcht er fangen einen Barsch,
das Wasser ging ihm bis zum Knie.«
Der Lehrer meint: »Aber Erna, das reimt sich doch gar nicht.«
»Na«, meint klein Erna, »denn warten Sie man, bis die Flut kommt, dann reimt sich das schon.«

Ein Junge geht hinter Frau Ulbricht her und sieht, wie sie ein Kotelett verliert. Er hebt es auf, bringt es ihr und bekommt eine Mark dafür. Am nächsten Tag sieht er Herrn Ulbricht stockbesoffen im Straßengraben und bringt ihn nach Hause. Frau Ulbricht bedankt sich bei ihm, denkt aber nicht daran, ihm etwas dafür zu geben. Darauf meint der Junge empört: »Was ist denn das, gestern bring' ich ein Kotelett und krieg' eine Mark, und heute bring ich das ganze Schwein . . .«

So reagieren Männer auf eine Geburt:
Ein Deutscher: »Das soll mir einer nachmachen!«
Ein Russe: »Wieder ein zukünftiger Mondbewohner!«
Ein Italiener: »Mamma mia, leg es zu den zwölf anderen!«
Ein Chinese: »Nachschub für Mao Tse-tungs junge Garde!«
Ein Schotte: »Ein Glück – – – keine Zwillinge!«
Ein Araber: »Allah sei gelobt, ein Junge!«
Ein Engländer: »God save the Queen und meine Frau!«
Ein Amerikaner: »Ein Anwärter mehr für den amerikanischen Präsidentenstuhl!«
Ein Franzose: »Die Pille? Daß ich lache!«

Fritzchen kommt in die Schule und hat seine Hausaufgaben nicht gemacht.
»Warum hast du denn deine Aufgaben nicht gemacht«, fragt der Lehrer.
»Wir haben keinen Tisch zu Hause«, sagt Fritzchen.
»Was«, staunt der Lehrer, »ihr habt keinen Tisch – ja auf was eßt ihr denn?«
»Ei«, sagt Fritzchen, »wenn ich von der Schule heimkomme, dann bückt sich meine Mutter und ich esse auf ihrem Buckel.«

»Aber wenn du gegessen hast«, meint der Lehrer, »dann kannst du doch deine Aufgaben auf dem Rücken deiner Mutter machen.«
»Das geht nicht, Herr Lehrer«, meint Fritzchen, »dann kommt nämlich meine Schwester und will auch essen.«
»Ja, aber wenn dann deine Schwester gegessen hat, dann kannst du doch . . .«
»Irrtum, Herr Lehrer, dann kommt nämlich mein Vater von der Arbeit.«
»Nun, wenn aber dein Vater gegessen hat . . .« beharrt der Lehrer.
»Dann geht es auch nicht«, sagt Fritzchen, »der geht nämlich gleich anschließend mit dem Tisch ins Bett.«

In der Tschechoslowakei leidet ein Bauer unter einer furchtbaren Mäuseplage. Eines Tages geht er zum Apotheker und bittet ihn um ein Mittel zur Entfernung der Mäuse. Der Apotheker gibt ihm ein kleines Päckchen. In dem Päckchen befindet sich eine kleine, schwarze Maus, die der Bauer auf seinem Hof freiläßt. Diese Maus rennt laut pfeifend über den Hof, und am nächsten Tag ist keine Maus mehr da. Da geht der Bauer abermals zum Apotheker und fragt: »Haben Sie nicht einen kleinen pfeifenden Russen?«

Drei Babys unterhalten sich über ihre Ernährung.
Das erste sagt: »Ich bekomme dreimal am Tag Brei, morgens, mittags und abends.«
Darauf das zweite: »Ich trinke dreimal am Tag feinsten Fruchtsaft, morgens, mittags und abends.«

Das dritte schließlich: »Ich bekomme mittags und abends die Brust, bätsch.«
»Wieso nur zwei Mahlzeiten?« fragt das erste Baby.
Darauf das dritte: »Morgens schmeckt die Brust immer so nach Rauch.«

Ein Tscheche geht spazieren. Da begegnet ihm ein wunderschönes, gut gebautes Mädchen und sagt: »Du hast drei Wünsche, die ich dir erfüllen will.«
Da sagt der Tscheche: »Ich wünsch mir, daß die rotchinesische Armee für einen Tag die CSSR besetzt und dann wieder zurückgeht.«
»Und der zweite?« fragt die Fee. – »Ich wünsche mir, daß die rotchinesische Armee für einen Tag die CSSR besetzt und dann wieder zurückgeht.«
»Und der dritte?«
»Ich wünsche mir, daß die rotchinesische Armee . . .«
»Um Gottes willen, damit bist du zufrieden?« fragt die Fee.
»Ja«, sagt der Tscheche, »wenn du mir die drei Wünsche erfüllst, dann marschieren die Chinesen sechsmal durch die UdSSR.«

Die Redaktionssekretärin hat gekündigt. Die Kollegen sind bestürzt. Alle Versuche, sie zur Rücknahme der Kündigung zu bewegen, scheitern. Selbst eine saftige Gehaltserhöhung kann sie nicht umstimmen. Ein paar Monate vergehen. Eines Tages trifft der Chefredakteur die ehemalige Sekretärin auf der Straße: Pelzmantel, schicke Kleider, mit erlesenem Schmuck behangen.

»Wie haben Sie das geschafft?« fragt der Chefredakteur, »Sie müssen ja jetzt einen sagenhaften Job haben.« Darauf die Sekretärin: »Lieber Chefredakteur, ich verdiene jetzt mit einer Spalte mehr, als Sie mit Ihrem vierspaltigen Leitartikel.«

Der Verteidiger krönt sein Plädoyer mit einem flammenden Appell: »Hohes Gericht, dieser Mann hier ist kein Verbrecher. Er hat Anspruch auf Ihr Mitgefühl. Nur echte Not trieb ihn zu seinem Einbruch. Hätte er

sich sonst mit hundert Mark begnügt, nachdem in dem Schubfach nebenan eine Kassette mit zehntausend Mark lag?«
Da brüllt der Angeklagte in höchster Erregung: »Verdammt, was bin ich doch für ein Idiot.«

Ein Textilgeschäft lockt mit einem Schild im Schaufenster: »Reizende Decken für Kleinkinder, die in Ihrem Beisein angefertigt werden.«

Ein junges Mädchen kommt zum Arzt. Der stellt fest, daß sie schwanger ist.
»Das kann nicht sein«, meint das Mädchen, »ich war noch nie mit einem Mann zusammen.«

»Nun«, meint der Arzt, »überlegen Sie vielleicht noch einmal...«
Das Mädchen überlegt angestrengt und sagt schließlich: »Ich erinnere mich, vor drei Monaten, da habe ich im Bodensee gebadet und wäre fast ertrunken. Da hat mich ein junger Mann gerettet ... oh, dieser Schuft hat mir gesagt, das sei künstliche Beatmung.«

Erna hat bei den Europameisterschaften eine Medaille gewonnen. Sie wird vom Staatsratsvorsitzenden Walter Ulbricht empfangen.
»Was möchtest du gern als Belohnung«, fragt Ulbricht.
Verlegen stottert Erna: »Es wäre schön, wenn ein Tag lang die Grenzen geöffnet würden.«
Darauf Ulbricht schmunzelnd: »Du kleiner Schelm, du möchtest wohl mit mir allein sein.«

Der Weinzierl und sein Jüngster gehen mit bei der Prozession. Dabei kommen sie an einem Bauernhof vorbei.
»Du, Vatta«, fragt der Bub, »was macht denn der Gokkel da auf der Henne droben?«
»Ja ... also, Bua ... der ist aufgestiegen, damit er die Prozession besser sehen kann.«

»Warum bist du so freundlich zu dem alten Herrn?« fragt Frau Fleischermeister Heidenreich ihren Mann. »Du hast ihm sogar 200 Gramm zu viel eingepackt.«
»Ich weiß, Anna«, erwidert der Gatte, »aber man soll dankbar sein. Der alte Herr war mein Klassenlehrer auf dem Gymnasium. Wenn der mich in der Quinta

nicht rausgeworfen hätte, wäre ich vielleicht bloß Akademiker geworden.«

Der Patient fragt den berühmten Arzt: »Herr Doktor, können Sie meine Schlaflosigkeit kurieren?«
»Aber selbstverständlich, guter Mann. Zuerst müssen wir jedoch die Wurzel des Übels beseitigen.«
Nachdenklich nickt der verhärmte Mann: »Leicht wird das nicht sein, Herr Doktor, meine Frau hängt sehr an dem Baby.«

Einem Mann, der schon fünfzehn Jahre verheiratet ist, war es trotz zahlloser Versuche nicht gelungen, Nachkommen zu zeugen. Über ihm, im dritten Stock, wohnt ein Kriegsversehrter, der nur noch ein Bein und einen Arm, aber sieben Kinder hat. Eines abends lädt er den Mann ein und fragt ihn, was er anstellen müsse, um auch Nachkommen zu bekommen.
Der Mann sagt: »Ganz einfach. Der Freitag ist der beste Tag. Ihre Frau muß vorher baden. Dann soll sie sich

parfümieren und auf ein frisch bezogenes Bett legen. Denn holen Sie sich einen Stuhl und einen Spazierstock.«
»Und dann?« fragt der Erfolglose.
»Dann steigen Sie auf den Stuhl und klopfen mit dem Stock gegen die Decke, ich komme dann runter.«

Fahrprüfung. Der gestrenge Prüfer fragt die nervöse Kandidatin: »Fräulein Maier, was tun Sie zuerst, wenn Sie einen Unfall haben?«
Fräulein Maier verwirrt: »Ich hole einen Polizisten und lasse an Ort und Stelle meine Unschuld feststellen.«

»Wie stark ist Ihre Familie?« wird ein kräftiger Bauer von dem Meinungsforscher gefragt.
»Ja, mei«, erwidert der Landmann nach angestrengter Überlegung, »wann mir alle z'samhalten, dann verhaun mir leicht das ganze Dorf!«

Ein Herr betritt ein Lebensmittelgeschäft. Da er keine Bedienung vorfindet, räuspert er sich und hustet laut. Nach geraumer Zeit kommt endlich der Inhaber. Ganz außer Atem entschuldigt er sich, daß es so lange gedauert habe: Seine Frau habe mit ihm Tischtennis gespielt. Verärgert entgegnet der Kunde: »Es ist mir egal, wie Sie das hier nennen. Jedenfalls waschen Sie sich jetzt die Hände, und dann verkaufen Sie mir acht Semmeln!«

Elsa und Fritz fahren mit dem Sportwagen ins Grüne. Vater und Mutter sehen ihnen vom Fenster nach. Mutter: »Jetzt fährt unsere Elsa schon wieder mit diesem

Kerl! Es ist mir gar nicht recht! – Was bei der Raserei alles passieren kann!«
Vater: »Und erst beim Anhalten . . .!«

Ein Zwillingspaar sitzt in der Badewanne, ein Mädchen und ein Junge. Die Mutter nimmt zuerst den Jungen dran. Da fragt das Mädchen den Jungen: »Was hast du denn da unten?«
»Das ist meine Wasserleitung«, erwidert der Junge.
Darauf sagt das Mädchen: »Bist du aber altmodisch, bei mir liegt alles unter Putz.«

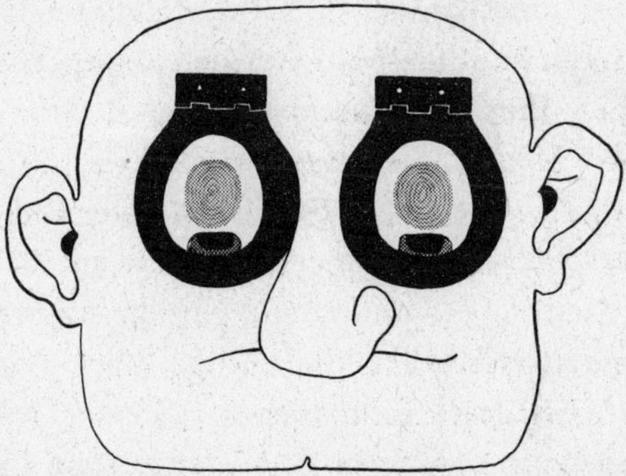

In München springt ein Mann auf eine fahrende Straßenbahn. Als der Schaffner den Fahrgast zurechtweisen will, blickt er in den Lauf eines auf ihn gerichteten Colts. Der Fremde mit hochgeschlagenem Mantelkragen und großer Sonnenbrille, zischt nur zwei Worte: »Zum Ostbahnhof!«

Ein Schiffbrüchiger lebt seit mehr als einem Jahr auf einer einsamen Insel. Eines Tages, nach einem heftigen

Sturm, wird eine hübsche junge Dame, die sich an ein Faß geklammert hat, an den Strand gespült. Der Schiffbrüchige stürzt begeistert auf sie zu.
»Schon seit über einem Jahr leben Sie ganz einsam hier?« fragt die junge Dame erstaunt, als der Schiffbrüchige kurz von seinem Schicksal berichtet hatte. »Wenn das so ist, dann biete ich Ihnen etwas, was Sie seit sehr, sehr langer Zeit nicht mehr gehabt haben.«
Da werden die Augen des Schiffbrüchigen groß. »Haben Sie«, stammelt er, »wirklich Schnaps in dem Faß?«

Auf einem amerikanischen Militärflughafen wird ein neuer Computer aufgestellt. Offiziere testen ihn sogleich und stellen ihm eine mathematische Berechnung zur Aufgabe: Mit welcher Geschwindigkeit, in welchem Winkel und zu welcher Zeit müssen zwei Raketen gestartet werden, um sich an einem Punkt im All zu treffen? Der Computer schnurrt und gibt die Antwort: Yes. Tagelang zerbrechen sich die Militärs über dieses Wort den Kopf, versuchen es mathematisch zu erfassen, aber es will ihnen nicht gelingen. So stellen sie dem Computer die zweite Frage: Yes what? Das Gerät schnurrt und auf der ausgeworfenen Lochkarte steht: Yes, Sir!

Der Kare und der Lucki (das bayerische Pendant zu Tünnes und Schäl) haben kein Geld mehr. Sagt der Kare zum Lucki: »Mach ma uns doch selbst eins!« Von den letzten paar Mark kaufen sie beim Trödler eine uralte Druckerpresse und drucken Zwanzigmarkscheine. Die alte Maschine bringt aber einen Fehler hinein und druckt

statt der Zahl 20 überall die Zahl 18. Hunderte von schönen nagelneuen 18-Markscheinen haben die zwei in der Hand.
Sagt der Kare zum Lucki: »Woast was, jetzt fahr'n ma in' Bayrischen Wald nei, da san d'Leit eh so blöd, da wern ma das Geld scho los.«
Sie kommen in ein ganz kleines Dorf, weit hinter Zwiesel. Da ist ein Kramerladen mit einer uralten Frau drin.

Der Kare geht rein und sagt: »Grüaß Gott, Frau, entschuldigen'S, kenna Sie mir vielleicht den Achtzehner da wechseln?«
Sagt das alte Mutterl: »Ja, ja, des kon i scho macha, wia wolln S' es denn ham, zwoa Neuner oder drei Sechser?«

Zwei Freunde treffen sich. Der eine sagt, er möchte seine Frau loswerden, aber nicht so auffällig.
Der andere rät: »Laß sie doch einfach den Führerschein machen und gleich nach bestandener Prüfung gib ihr deinen Rolls-Royce. Bei dem heutigen Verkehr kommt sie bestimmt nicht mehr zurück.«
Eine Woche später: »Du«, sagt der eine, »meine Alte

fährt jetzt schon drei Wochen, die kommt immer wieder zurück.«
Der andere meint: »Der Rolls-Royce ist vielleicht doch nicht das Richtige. Versuche es doch einmal mit einem Jaguar, der ist noch schneller.«
Zwei Wochen später treffen sich die beiden wieder: »Du«, sagt der eine, »das war eine prima Idee. Kaum hatte sie das Garagentor aufgemacht, da hat er sie auch schon gefressen.«

In einem langen Beschwerdebrief beklagt sich ein geplagter Mieter bei seinem Hausbesitzer, ob der unzureichenden Wohnverhältnisse. Der letzte Satz des Briefes lautet: »Ich habe Rheumatismus und ein Kind von vier Jahren. Dieses ist auf die Feuchtigkeit zurückzuführen.«

Ein Herr betritt eine Bank, geht zum Schalter für Auszahlungen, schreibt einen Scheck aus und übergibt diesen dem Bankangestellten mit den Worten: »Zahlen Sie mir 1000 DM aus, Sie Armleuchter!«
Der Bankbeamte ist sprachlos und geht zitternd vor Aufregung zu seinem Zweigstellenleiter: »Stellen Sie sich vor, kommt einer und sagt, zahlen Sie mir 1000 DM aus, Sie Armleuchter. So etwas ist mir wirklich noch nie passiert, ich weiß wirklich nicht ...« Der Bankbeamte ist den Tränen nahe.
Sein Vorgesetzter hört die Geschichte mit unbeweglichem Gesicht und fragt: »Hat der Herr ein Konto bei unserer Filiale?«
»Ja ...«

»Ist der Scheck gedeckt?«
»Ja ...« Dann brüllt er: »Ja, warum zahlen Sie ihm die 1000 DM dann nicht aus, Sie Armleuchter!?«

Frage an die große Prawda: »Können Männer kriegen keine Kinder?« Antwort von Prawda: »Im Prinzip nein! Aber wird es in Praxis immer wieder probiert.«

Zwei Kollegen sind auf Montage und schlafen in einem Bett. Eines Tages sagt einer zum anderen: »Sag mal, warum onanierst du eigentlich abends immer?«
»Damit ich besser einschlafen kann!«
»Und warum nimmst du immer meinen dazu?«
»Damit ich am anderen Tag nicht so kaputt bin!«

Ein Patient wurde mit Frischzellen behandelt; man gab ihm Schweinezellen. Kurz darauf erhielt der Arzt vom Patienten, der gerade geheiratet hatte, ein Telegramm folgenden Inhalts: »Was tun stop kringelt sich stop!«

Ein Vormund erhielt von seinem achtzehnjährigen Mündel folgenden Brief: »Geehrter Herr Vormund! Da ich am Freitag in einem Monat heiraten möchte, bitte ich Sie, mir mitzuteilen, ob ich darf oder nicht, denn ich muß.«

Fallschirmjäger Krause hat seinen ersten Absprung. Der Feldwebel erklärt noch mal: »Springen, bis zehn zählen, Reißleine ziehen. Wenn der Fallschirm sich nicht öffnet, bis drei zählen und den Notfallschirm ziehen. Unten auf den bereitstehenden LKW steigen und zum Flugplatz fahren.«

Krause hat verstanden und springt. Er zählt bis zehn, zieht die Reißleine, doch der Fallschirm bleibt zu. Also zählt er noch mal bis drei und zieht den Notfallschirm, doch der bleibt ebenfalls zu. »Verdammt, ich möchte wetten, wenn ich unten bin, ist der LKW auch nicht da.«

Frühling an der Moldau. Auf dem Prager Wenzelsplatz unterhält sich ein Tscheche mit einem Rotarmisten. Im Laufe des Gesprächs stellt er ihm folgende Frage: Sagen Sie, Genosse Iwan Petrowitsch, gibt es eigentlich eine marxistisch-leinnistische Definition für einen Panzer?«

Breit schmunzelnd fängt der Sowjet-Mensch an zu dozieren: »Ein Panzerwagen, Towarisch Jan, ist eine motorisierte Karosse für touristische Ausflüge in sozialistische Bruderländer. Er kann auch Salut schießen, zu Ehren unserer guten Freunde.«

Mäusefrau und Mäusemann spielen Versteck. Das Mäuslein versteckt sich und ruft dann ihrem Mäuserich zu: »Wenn du mich in drei Minuten findest, dann darfst du mich streicheln. Wenn du mich in zwei Minuten findest, dann darfst du mir einen Kuß geben. Und wenn du mich sofort findest, dann darfst du mit mir machen was du willst. Ich bin übrigens da hinten in der Schublade.«

Ein Mädchen mit einem sehr engen und sehr kurzen Rock bemüht sich, in die Trambahn einzusteigen. Vergebens.

Der Rock ist zu eng, und die Stufen zum Trittbrett sind zu hoch. Zwar hat sie schon zweimal den Reißverschluß hinten am Rock geöffnet, aber auch das hilft nicht. Ein junger Mann, der schon längere Zeit hinter ihr steht, verfolgt amüsiert die Bemühungen des Mini-Mädchens. Schließlich greift er ihr unter die Arme und hebt sie kurzentschlossen hoch.
»Sie Flegel, was erlauben Sie sich«, faucht das junge Mädchen.
»Entschuldigung«, grinst der junge Mann, »aber nachdem Sie mir schon zweimal den Reißverschluß auf und zu gemacht haben, habe ich mich zu dieser Gegenleistung entschlossen.«

Im Jahre 2000. Fritzchen kommt aus der Schule: »Papi, der Lehrer hat heute von einem Mann erzählt, der Ulbricht hieß. Ich habe nicht aufgepaßt, kannst du mir etwas über ihn sagen?«
Der Vater weiß auch nicht Bescheid und greift zum Brockhaus. Dort steht über Ulbricht zu lesen: »Redner sächsischer Mundart, lebte in vorchinesischer Zeit.«

Ein Mann holt sein Auto aus der Reparaturwerkstatt ab. Als der Meister ihm die Rechnung präsentiert, deutet er ihm an, daß er die Rechnung nicht bezahlen kann.
Darauf zieht der Meister ein Bild von seiner zwölfköpfigen Familie und sagt: »Nun wissen Sie, warum ich das Geld dringend brauche.«
Darauf greift auch der Kunde in die Tasche und zeigt dem Meister ein Bild einer Superblondinen im Bikini

und meint: »Jetzt wissen Sie, warum ich nicht bezahlen kann.«

Zwei ältere Damen wollen ein Pfund Kaffee schmuggeln. Sie stehen vor dem Zoll und sind ratlos. Da kommt ein Priester lächelnd auf sie zu.
»Hochwürden, können Sie unseren Kaffee verstecken?«
Darauf der Priester: »Aber meine Damen, ich kann nicht lügen.«
Sie gehen gemeinsam durch die Zollkontrolle. Als der Zollbeamte die Damen fragt, ob sie etwas zu verzollen hätten, antworten sie mit nein. Darauf fragt der Zollbeamte den Priester.
Der antwortet: »Mein Geist gehört dem Herrn, was ich unter der Kutte trage, gehört den beiden Damen.«

Auf hoher See. Es herrscht Windstärke 10. Ein Herr betritt den Speiseraum und nimmt als einziger Gast Platz. Der Ober kommt und fragt: »Was darf ich Ihnen bringen?«
Darauf der Gast: »Was empfehlen Sie mir?«
Der Ober: »Das Billigste, mein Herr.«

Herr Müller fährt mit seinem neuen Sportwagen aus. Kurz vor einer Kreuzung fragt er seine Frau: »Kommt von rechts ein Auto?«
»Nein«, kommt die Antwort, worauf Müller Gas gibt.
Da sagt seine Frau: »Nur so ein häßlicher Tankwagen!«

Im Autobus. Ein Mann liest in einem Buch Statistiken

über Geburten und Sterbefälle. Plötzlich wendet er sich an eine Frau: »Wissen Sie, daß bei jedem Atemzug, den ich mache, ein Mensch stirbt?«
Darauf die Frau: »Interessant, aber haben Sie es schon mal mit Zahnpasta versucht?«

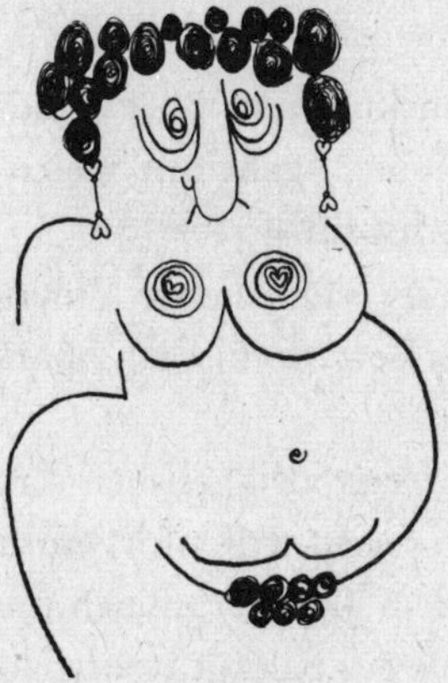

Ein Spanier beschließt auf seinem Esel in die Bundesrepublik zu emigrieren. Als er an die französische Grenze kommt sagt ihm ein Grenzbeamter: »Mein Herr, den Esel müssen Sie hierlassen.«
»Wie soll ich nach Deutschland reisen, wenn Sie mir den Esel abnehmen, ich habe kein Geld.«
Darauf der Grenzbeamte: »Wir geben Ihnen für den Esel 50 Francos, damit kommen Sie in die Bundesrepublik.«
»Um Himmels willen«, sagt der Spanier, »ich laufe aus Spanien weg wegen eines Franco, und Sie wollen mir 50 geben, dann bleibe ich lieber in Spanien.«

Graf Bobby sitzt im Cafe und liest Zeitung. Ein Freund kommt eiligen Schritts auf ihn zu und ruft beschwörend: »Bobby, lauf nach Hause, der Toni ist bei deiner Frau.« Bobby lehnt sich in seinem Stuhl lässig zurück, liest weiter und sagt so nebenbei: »Wenn's Toni ist, dann habe ich ja noch Zeit, der geht nie vor elf.«

Zwei Männer diskutieren über einen Freund. »Der Franz«, sagt der eine, »geht mit vielen Frauen ins Bett, das ist ein Dreckschwein.«
Darauf der andere: »Du, lieber Freund, gehst nur mit deiner eigenen ins Bett, du bist ein Sparschwein.«

Im Himmel wird zur alljährlichen Treibjagd geblasen. Nur der Heilige Geist will nicht mitmachen. Bis jetzt hat er sich bei jedem Jagdvergnügen immer eine Ladung Schrot ins verlängerte Rückgrat eingehandelt. Der liebe Herrgott verspricht ihm aber diesmal, gut auf ihn aufzupassen. Doch zum Schluß der großen Hatz passiert's dann doch: Ein Schuß kracht, der Heilige Geist langt schmerzverzerrt nach hinten. Mit einem Satz springt der liebe Gott ins nächste Gebüsch, zieht den Heiligen Joseph hervor und grollt tadelnd: »Kannst du ihm denn den Seitensprung noch immer nicht verzeihen?«

Hansli kommt abends nach Hause. Sein Vater sitzt bequem im Lehnstuhl und liest Zeitung. Hansli geht um den Stuhl herum, klopft dem Vater auf die Schulter und meint: »Du Papa, wir hatten heute in der Schule Sex-Unterricht.«

»Aber Hansli, das sagt man doch nicht so«, antwortet der aufgebrachte Vater, »marsch ins Bett mit dir. Und überleg dir mal, was du falsch gemacht hast.«
Später kommt die Mutter und fragt, wo der Hansli geblieben ist. Da erzählt ihr Mann den Vorfall. Flugs geht die Mama zum Hansli ins Zimmer. Aber oh weh, sie ertappt Hansli dabei, wie er mit sich selbst spielt. Da bekommt die Mutter einen Schreck – und Hansli eine schallende Ohrfeige.
Schluchzend weint Hansli in sein Kissen: »Nicht einmal die Hausaufgaben darf man mehr machen.«

Der Herr Pfarrer Sonnweber besucht seinen Amtsbruder, den Herrn Pfarrer Müller, im Nachbarort. Auf der Veranda des Pfarrhauses sprechen die hochwürdigen Herren kräftig einem guten Tropfen zu. Nach und nach lockert der Alkohol die Zungen, und Hochwürden Sonnweber erzählt unter dem Siegel der Verschwiegenheit: »Weißt du, Kollege, da kam doch letzte Woche eine unerhört attraktive Blondine zu mir zur Beichte. Also, die hat mir Sachen erzählt, da ging mir einfach der Hut hoch.«
»Na, na«, schmunzelt Hochwürden Müller, »wer wird auch im Beichtstuhl den Hut in den Schoß legen!«

Morgendlicher Dialog in der guten Stube des Bauernhofes. Bäuerin: »Du, Mann, die Zenzi kriegt a Kind.«
Bauer: »Ja mei, des is ihr Sach.«
Bäuerin: »Die Zenzi sagt aber, es war vo dir.«
Bauer: »Des isch mei Sach.«

Bäuerin: »Und was soll i jetzt mach'n?«
Bauer: »Ja mei, des is dei Sach!«

Zwei Uhr nachts in einem verträumten Dorf in Süddeutschland. Plötzlich lautes Motorengeräusch und ohrenbetäubendes Klirren. Leicht geschockt findet sich ein ortsfremder Bauer mit seinem Traktor in der guten Stube eines Fachwerkhauses wieder: Er hat Hauswand und Fensterscheiben durchbrochen.
Im Schlafanzug eilt der Hausherr herbei und will den

Traktorfahrer zur Rede stellen. Doch der dreht den Spieß um und fragt wie aus der Pistole geschossen: »Tschuldigens scho, aber i mechat gern wissn, wia ivo do nach München kimm?«
»Ja mei«, stammelt der verblüffte Hausbesitzer, »da fahrens am besten no durchs Schlafzimmer und dann allweil gradaus weiter!«

In einem kleinen Dorf Westfalens haben die Bürger eine Theatergruppe gebildet. Männlein wie Weiblein

gehen mit Eifer an die Arbeit. Spezialität der Laiendarsteller sind moderne Gesellschaftsstücke. In einem dieser Stücke muß sich die hübsche Bürgermeisterstochter malerisch auf einer Couch räkeln, und als rechte femme fatale mit rauchiger Stimme einen eintretenden Herrn fragen: »Was wollen Sie denn schon wieder?«
Die Proben verlaufen zur Zufriedenheit des Spielleiters, doch bei der Premiere passiert eine kleine Panne. Die junge Dame verspricht sich und ein belustigtes Publikum vernimmt die Worte:
»Was? Sie wollen schon wieder?«

Ein jungverheiratetes Paar fährt durch den Wald. Plötzlich bricht die Frau in Tränen aus, und meint: »Du liebst mich nicht mehr!«
Ihr Mann wundert sich, wie sie denn darauf käme.
Antwortet sie: »Als wir noch verlobt waren, hattest du hier immer eine Panne.«

Ein Bauernsohn beichtet seinem Pfarrer seine Sünden. Beschämt berichtet er, daß er in der vergangenen Nacht sein Bett mit einer jungen, wunderschönen Dame geteilt habe. Er beteuert glaubwürdig, daß er sich der Dame in keiner Weise genähert habe.
Der Pfarrer überlegt. Schließlich sagt er: »Junger Mann, ich lege Ihnen auf, als Buße 20 Liter Wasser zu trinken.«
Fragt der Sünder: »Aber Herr Pfarrer, 20 Liter Wasser? Warum ausgerechnet 20 Liter Wasser?«
Daraufhin der Pfarrer: »Dies mein Sohn ist die Tagesration für ein ausgewachsenes Kamel.«

Ein Italiener kommt als Gastarbeiter nach Deutschland. Bei den Stadtwerken findet er eine Anstellung als Stromableser. Er klingelt an der Tür von Familie Bachmann. Als die Frau öffnet, sagt er: »Wieviel Nummer du machen bei Licht?« Die Frau ruft empört ihren Mann. Vor diesem wiederholt der Italiener seine Frage: »Wieviel Nummern ihr macht bei Licht?« Auch der Mann ist entsetzt. Er will den Italiener rauswerfen. Da faßt der seinen letzten Mut zusammen und sagt: »Ich will jetzt wissen, wieviel Nummern ihr macht bei Licht! Sonst ich schneide Strippe weg und Frau muß machen mit Kerze wie früher!«

Ein jüdischer Vater geht mit seinem Sohn durch Rom. Sie kommen zum Vatikan. Dort staunt der Junge über die vielen großen Autos. Er fragt den Vater auch, warum die alle so gute Autos hätten. Darauf der Vater: »Gute Konjunktur. Sie haben angefangen mit einem Esel.«

Ein Engländer besucht mit seinem bayerischen Gastfreund das Hofbräuhaus. Dort bestellt der Bayer für seinen Gast eine Maß dunkles, für sich eine Maß helles Bier. Als der Ober das Bier gebracht hat, prosten sich die beiden zu.
Sagt der Engländer: »Your health.«
Darauf erhebt der Bayer seinen Maßkrug und sagt: »Your Dunkles.«

Ein Mann fröstelt in seinem Hotelzimmer. Er trinkt

einen Schnaps, aber ihm wird trotzdem nicht wärmer. Also ruft er beim Empfang an: »Mir ist kalt.«
Darauf eine rauchige Damenstimme am anderen Ende der Leitung: »Da müssen Sie sich leider gedulden, ich kann meinen Platz jetzt nicht verlassen.«

Ein Bauer hat sich den Arm gebrochen. Als ihn der Arzt fragt, wie denn das passiert sei, sagt der Bauer: »Herr Doktor, ich bin diese Nacht beim Beischlaf aus dem Bett gefallen, aber können Sie mir nicht einen Arbeitsunfall bescheinigen, ich kann die Behandlung nicht bezahlen.«
Der Arzt überlegt kurz und sagt zu dem Bauern: »In Ordnung, ich melde folgendes der Versicherung: Der Bauer ist beim Samenstreuen aus der Furche gefallen.«

Ein Tourist kauft in Rom ein Renaissance-Bild. Um beim Zoll keine Schwierigkeiten zu bekommen, läßt er von einem Maler ein Landschaftsbild darübermalen. Zuhause angekommen, beauftragt er einen Restaurator mit der Wiederherstellung des Bildes. Nach einigen Tagen erhält er einen Anruf: »Die Landschaft ist weg, das Renaissance-Bild auch, darunter war eine Madonna und jetzt ist Mussolini zum Vorschein gekommen. Soll ich weiter restaurieren?«

Kossygin besucht Ulbricht in Ost-Berlin. Sie besichtigen die Mauer.
Sagt Kossygin: »Die Mauer muß weg, sonst gibt es keine Entspannung.«

Darauf Ulbricht: »Das können wir nicht machen, dann hauen alle ab.«
Kossygin: »Aber Sie können doch wenigstens Fenster reinmachen, damit die Leute besser sehen können.«
Ulbricht: »Auch das geht nicht, dann steigen die Leute durch die Fenster.«
Kossygin: »Dann bauen Sie doch vor die Fenster Fallbeile.«
Darauf Ulbricht: »Wenn wir das tun, dann sind die Köpfe im Westen und die Arschlöcher bei uns.«

Bei einem Damenkränzchen in einem Wiener Café bekommt das Gesprächsthema eine leicht pikante Färbung. Es wird beschlossen, daß die folgende Frage von jeder der Anwesenden offen und ehrlich beantwortet werden muß. Die Frage lautet: »Was ziehen Sie an, wenn Sie ins Bett gehen?«
Eine mollige Blondine mit kurzgeschnittenen Haaren gesteht: »Ohne französische Spitzenwäsche geh ich nicht ins Bett.«
Eine Brünette, der Weibchentyp in Person, meint: »Nur das Nötigste, versteht sich.«
Eine intellektuell und berechnend wirkende Dreißigjährige aus der High Society beichtet: »Er liebt Schmuck über alles, und den ziehe ich an.«
Die Jüngste, über derlei Firlefanz und kunstvolles Getue erhaben, lächelt schelmisch und sagt: »Wenn ich schon etwas anziehe, dann meine Knie . . .«

Baronin von Neuwich und Gräfin Fichte sitzen beim

Kaffee. »Was für viele silberne Pokale Sie haben«, schwärmt Baronin von Neuwich.
»Mein Sohn ist Herrenreiter«, erwidert Gräfin Fichte.
»Tja«, seufzt die Baronin, »mein Sohn ist auch so veranlagt, aber einen Pokal hat er noch nie mitgebracht.«

Ein junger Mann beobachtet in einem Lokal schon eine ganze Weile ein Mädchen: Sie sitzt an einem Tisch und wartet auf einen Tänzer. Er nimmt seinen ganzen Mut zusammen, geht zu ihr hin, verbeugt sich und fragt: »Darf ich bitten?«
Sie errötet, senkt verschämt den Kopf und lispelt: »Wenn Sie so gut sein möchten.« Beim Tanzen meint sie lispelnd: »Daß man bloß nix passiert.«
Er wundert sich, sagt aber nichts, und bringt sie zurück zu ihrem Platz, als der Tanz zu Ende ist. Beim nächsten Tanz geht er wieder zu ihr und fragt: »Darf ich bitten?«
Wieder errötet sie und lispelt: »Wenn Sie so gut sein möchten«, um dann beim Tanzen zu sagen: »Wenn man bloß nix passiert.«

Sie tanzen dann den ganzen Abend zusammen und die Konversation wiederholt sich.
Zu später Stunde fragt er höflich: »Darf ich Sie nach Hause bringen?« und sie lispelt und errötet wieder: »Wenn Sie so gut sein möchten.«
Sie gehen, und als sie dann unterwegs wieder anfängt: »Daß man bloß nix passiert«, wird es dem jungen Mann zu bunt. Er fragt: »Fräulein, Sie sagen immer, daß man bloß nix passiert, ist denn schon mal was passiert?«
»Nein«, lispelt sie, »aber wenn Sie so gut sein möchten.«

Im Antiquitäten-Geschäft: »Hören Sie, 5000 DM für diese beiden Stangen . . .?«
»Aber mein Herr, das ist die einzige Ausführung einer ostsibirischen Toilette in der ganzen westlichen Welt!«
»Wie funktioniert denn diese – äh – Apparatur?«
»Genial einfach, mein Herr! Also stellen Sie sich vor: Sie sind mitten in der verschneiten Taiga und müssen mal. Dann nehmen Sie diese, die kürzere Stange, stekken Sie in den Schnee und hängen Ihre Kleidung daran auf. Und wenn Sie sich niederlassen, um Ihr Geschäft zu verrichten, dann klemmen Sie sich die lange Stange unter den Arm und wedeln damit die Wölfe weg . . .«

»Haben Sie ein hübsches Doppelzimmer frei?«
»Die Herrschaften sind doch sicher verheiratet?«
»Jawohl. Beide.«

Die frischgebackene Ehefrau freut sich auf ihre erste Hochzeitsnacht. Doch schwer enttäuscht wacht sie morgens auf und wartet ungeduldig auf die zweite Nacht. Doch der Ehemann gibt auch in dieser Nacht kein Zeichen der Liebe von sich. In der dritten Nacht schließlich reißt der jungen Frau die Geduld und sie brüllt: »Wenn du mich jetzt nicht sofort liebst, gehe ich auf die Straße und hole mir den ersten besten Mann ins Bett!« Daraufhin flüstert der Ehemann erfreut: »Dann bring mir bitte auch einen mit.«

Ein Vater sucht für seinen Sohn eine Jungfrau. Nirgends ist eine zu finden. Eines Tages verliebt sich der Junge in ein Mädchen, das vorgibt eine Jungfrau zu sein. Sie vertraut sich ihrer Mutter an, die die Sache schon regeln will. Die beiden heiraten. Nach der Hochzeitsnacht will die Mutter rote Tinte ins Bett schütten, vergreift sich aber und nimmt die grüne. Als der Vater des jungen Ehemannes sich das Bett besieht, schmunzelt er und meint: »Gutt, gutt, durrch bis Galle!«

Zwei Professoren treffen sich zufällig auf der Straße. Es entwickelt sich folgender Dialog: Professor Kluge zu seinem Kollegen: »Na also, mir ist da neulich ein tolles Ding passiert. Ich hatte mein 25jähriges Dienstjubiläum und erwartete die übliche Gratulationscour. Aber nichts dergleichen geschah. Am Abend, kurz vor dem Nachhausegehen, spricht mich eine hübsche junge Schwester an. Herr Professor, hätten Sie nicht Lust auf ein Fläschchen Wein bei mir zu Hause? Natürlich sage ich nicht nein. Als wir so gemütlich beisammensaßen, steht sie plötzlich auf, geht ins Schlafzimmer und ruft: Wenn ich sage fertig, dann dürfen Sie kommen. Es dauerte nicht lange, und ich hörte das vereinbarte Wort. Wie ein Blitz bin ich im Schlafzimmer – was glauben Sie, was ich sah? Die ganze Belegschaft der Klinik steht im Schlafzimmer und gratuliert mir zum Jubiläum.«

Darauf der Kollege Neumann: »Na, da waren Sie aber bestimmt von den Socken?«

»Im Gegenteil«, lautet die Antwort, »das war das einzige, was ich noch anhatte!«

Ein Mann hastet abends in Wien über den Kärntner Ring. Verzweifelt sucht er einen Passanten, dem er eine Frage stellen kann. Endlich sieht er einen gutgekleideten Herrn, geht auf ihn zu, spricht ihn an: »Verzeihen Sie bitte, aber können Sie mir sagen, wie ich zu den Philharmonikern komme?«

Der andere mustert ihn von Kopf bis Fuß. Dann sagt er ganz ruhig: »Sie müssen üben. Viel üben!«

Eine Nonne kommt in den Himmel. Petrus fragt sie: »Wer bist du?«

Darauf die Nonne: »Ich bin die Braut Jesu.«

Petrus schaut sie ungläubig an, geht in ein Nebenzimmer und fragt den Engel Gabriel: »Hast du schon gehört, der Junior will heiraten.«

Ein Autofahrer kommt zu einem Polizisten: »Wie groß werden Pinguine?«

Der Polizist: »So groß – höchstens so groß.«

»Bestimmt, Herr Wachtmeister?«

Der Wachtmeister nickt.
Darauf der Autofahrer: »Dann habe ich zwei Nonnen überfahren.«

An der Bushaltestelle steht eine Menge Leute und versucht, sich in den bereitstehenden Bus hineinzuquetschen. Als letzter will ein Musiker mit seiner Baßgeige das bereits überfüllte Fahrzeug besteigen. Er versucht es auf jede Art und Weise, doch ohne Erfolg. Seine Baßgeige hat einfach keinen Platz mehr. Eine alte Dame hat ihn die ganze Zeit beobachtet. Sie kommt auf ihn zu und sagt ihm unter verständnislosem Kopfschütteln: »Hätten Sie doch Flöte gelernt!«

»Was ist COMECON?« fragt der Lehrer Frantisek.
Die Antwort kommt prompt: »Wir exportieren Gartenzwerge nach Kuba. Dafür bekommen wir Orangen. Die faulen bleiben hier, die anderen schicken wir nach Polen und Ungarn. Als Gegenleistung erhalten wir Schweine.

Von den Schweinen behalten wir die Ohren, Schwänze und Füße. Das Fleisch geht in die UdSSR. Dafür bekommen wir Ton für die Gartenzwerge.«

Eine Frau kommt zum Psychiater: »Herr Doktor, Sie müssen mir dringend helfen, mein Mann bildet sich ein, er sei ein Pferd. Morgens will er Hafer. Mittags wiehert er und abends soll ich ihn beschlagen.«
»Das ist eine schwere Krankheit«, sagt der Arzt, »das wird eine sehr langwierige und vor allem teure Behandlung.«
Darauf die Frau: »Geld spielt keine Rolle, er gewinnt laufend Rennen.«

Ein Betrunkener wankt zu später Stunde durch die menschenleeren Straßen. Bei einer Litfaßsäule sucht er Halt und tastet sich weiter, einmal, zweimal, dreimal um die Säule herum. Plötzlich bricht er schluchzend in die Knie und murmelt: »Eingemauert.«

Ho Tschi Minh kommt in den Himmel. Als der Herr ihn sieht, bekommt Petrus den Auftrag, darauf zu achten, daß er sich jeglicher politischer Aktivität enthält.
Nach einigen Wochen wird Petrus vom Herrn gerufen: »Hat Ho Tschi Minh sich an deine Anweisungen gehalten?« Darauf Petrus: »Jawohl, Genosse Gott.«

Eine junge Engländerin sieht auf ihrer Hochzeitsreise in Paris zum erstenmal ein Bidet. Sie fragt das Zimmermädchen: »To wash the babies in?«

Darauf das Zimmermädchen: »Oh, no, to wash the babies out.«

Gesellschaftsspiel auf einer Party: Jeder soll seine Grabinschrift entwerfen. Eine Schauspielerin zu einem Bekannten: »Harry, kannst du mir helfen, mir fällt nichts ein.«
Darauf Harry: »Schreib doch einfach: ›Endlich schläft sie allein.‹«

Ein Snob fährt mit seinem Sportwagen bei Rot über die Kreuzung. Stopt kurz darauf, hält die Hand lässig aus dem Fenster und ruft dem verdutzt schauenden Polizisten zu: »Zahlen bitte.«

Urlaubszeit. Vor dem Vatikan. Ein deutscher Tourist spricht einen Landsmann an: »Können Sie mir bitte sagen, wo die Laokoon-Gruppe ist?«
»Leider nicht, ich gehöre zur Scharnow-Gruppe.«

Kommt eine Nonne in ein Eisenwarengeschäft. »Ich hätte gerne einen schweren Eisenhammer«, sagt sie zum Verkäufer.
Dieser etwas verwundert: »Aber gern, meine Dame, wozu brauchen Sie als Nonne einen solchen Hammer?«
»Nun, der Papst hat zwar die Pille verboten, aber nicht das Pulver.«

Ulbricht und Kossygin kommen zu einem Staatsbesuch nach Bonn. Sie werden auch zu einer Besichtigung der

Erdal-Schuhreinigungswerke eingeladen. Nach der Besichtigung überreicht der Geschäftsführer Kossygin ein großes Paket mit schwarzer Schuhcreme.
Ulbricht fragt ganz entrüstet: »Und ich?«
»Sie«, sagt der Geschäftsführer, »bekommen Ihre Wixe nach der Wiedervereinigung.«

Auf einer Abendgesellschaft kommen eine ältere Dame und ein älterer Herr ins Gespräch. Sie sprechen über alte Zeiten, bis der Herr fragt: »Entschuldigen Sie, gnädige Frau, sind Sie in Ihrem Leben einmal errötet?«
»Aber ja, mein Herr, viermal sogar. Das erstemal, als ich mich vor meinem Mann auszog, das zweitemal, als ich mich vor meinem Geliebten auszog, das drittemal, als ich nach einer Liebesnacht bezahlt wurde und das viertemal, als ich selbst einen Freier bezahlte.«
Der ältere Herr schweigt. Darauf die Dame: »Und Sie?«
»Ich auch, gnädige Frau. Das erstemal, weil es zum zweitenmal nicht klappte und das zweitemal, als es beim erstenmal nicht klappte.«

Vor einer Moschee hängt ein Schild: Es ist ebenso verwerflich, ein junges Mädchen zu verführen, wie dieses Haus mit Schuhen zu betreten.
Handschriftlicher Zusatz eines Touristen: »Beides ausprobiert – kein Vergleich.«

In Köln geht ein kleiner Junge mit einem Korinthenbrot, aus dem er sorgfältig die Rosinen herauspickt, über die Straße.

Ein Pater, der ihm begegnet, mahnt: »Mein Sohn, wie kannst du nur die Korinthen aus dem Brot herausessen, das du deiner Mutter mitbringen sollst!«
Der Junge hält inne und erwidert: »Erstens, Herr Pfarrer, bin ich nicht Ihr Sohn, denn Sie sind nicht mein Vater. Zweitens hat meine Mutter ein Brot ohne Korinthen bestellt. Drittens geht Sie das alles gar nichts an. Und viertens bin ich evangelisch!«

Ein Russe kauft sich eine nagelneue Armbanduhr, Marke »Kolchos-Stern«. Es kommt, was da kommen muß. Nach einiger Zeit geht die Uhr kaputt, und der Sowjetbürger bringt sie zum Uhrmacher. Der öffnet die Uhr und findet eine tote Laus. Darauf der Russe: »Ah, Maschinist kaputt.«

Die Russen haben bei der tschechischen Regierung den Antrag gestellt, den St. Veits-Dom in Prag in St. Leonid-Dom umzubenennen. Die Tschechen aber bedauern, sie kennen keinen Heiligen dieses Namens. Die Russen bitten erneut, die Umbenennung zu Ehren ihres großen Leonid Breschnew vorzunehmen. Es folgt ein Telegramm der Prager Regierung: »Sind selbstverständlich damit einverstanden, schickt uns schnellstens die Gebeine.«

Ein Ritter legte sich eines schönen Mittags in voller Rüstung unter einen Baum. Als er selig schlief, kam ein hungriger Löwe vorbei, betrachtete den Ritter und knurrte: »Verdammt, schon wieder Konserven.«

Ein Räuber lauert im finsteren Wald auf ein Opfer. Die Stunden vergehen, da sieht der böse Bube einen harmlosen Wandersmann seines Weges ziehen. Hinter einem Gebüsch lauert er ihm auf, springt mit gezückter Pistole vor und fordert: »Geld oder Leben!«
Der Wandersmann läßt sich nicht aus der Ruhe bringen und entgegnet: »Geld hab' ich keins, und mit meinem Leben werden Sie nicht viel anfangen können.«
»Dann 'rück den Proviant raus, den du hast!«
»Tut mir leid, aber auch damit kann ich nicht dienen.«
»Teufel auch, aber was Trinkbares wirst du doch wohl bei dir haben. Und die Zigaretten verlange ich auch.«
»Es ist mir fast peinlich«, murmelt der Wandersmann, »aber ich bin Nichtraucher und Antialkoholiker.«
In heller Wut schreit darauf der Räuber: »Der Kerl hat kein Geld und auch nichts Eßbares. Er raucht nicht, er trinkt nicht, und sein Leben ist keinen Pfifferling wert. Aber dafür wirst du mich die nächsten Kilometer tragen!«

Ein Herr bestellt in einem Grillroom ein Steak: »Herr Ober, das Fleisch muß schön abgehangen sein, mit viel Zwiebeln, kräftiger Sauce, nicht zu groß, aber auch nicht zu klein, das Fett bitte abschneiden. Medium, nicht ganz Medium . . .«
Darauf der Ober: »Sehr wohl, der Herr, welche Blutgruppe soll das Rind haben?«

Es geschah im Zweiten Weltkrieg. Die deutsche Wehrmacht hatte wieder einen ihrer Blitzsiege errungen. Am Abend des Kampftages wird dies Ereignis kräftig begossen. Als am nächsten Morgen ein Soldat von seinem Rausch erwacht und etwas benommen in die Landschaft blinzelt, fällt sein Blick auf ein Schild: »Heil Kräuter!« Ganz benommen murmelt der Landser: »Verflucht, schon wieder eine Revolution verschlafen!«

Ein Bauer hat dreihundert Hühner, aber nur einen Hahn. Eines Morgens findet er seinen Hahn tot auf dem Boden liegen. Im stillen denkt er: Das konnte ja auch nicht gutgehen. Er geht zum Markt, um zwei neue Hähne zu kaufen. Dort bietet ihm ein Händler einen Hahn zu einem immensen Preis an. Als der Bauer protestiert, sagt der Händler: »Dieses prächtige Tier schafft alle.« Vierzehn Tage sind vergangen. Der Hahn hat seine Sache gut gemacht. Doch am nächsten Tag liegt der Hahn regungslos im Hof. Über ihm kreisen die Geier. Der Bauer denkt: Auch der ist geschafft. Da schlägt der Hahn ein Auge auf, blinzelt den Bauern an und sagt: »Die will ich auch noch vernaschen.«

Der Reporter fragt den Hundertjährigen: »Und was haben Sie Besonderes getan, um so alt zu werden?«
»Ja«, brummt der Alte, »das kann ich Ihnen im Augenblick noch nicht sagen. Ich verhandle gerade mit zwei großen Betrieben der pharmazeutischen Industrie.«

Bei der Musterung wird Otto gefragt, zu welcher Waffengattung er wolle.
»Marine«, sagt er.
»Können Sie schwimmen?«
»Ne, wieso, haben Sie keine Schiffe?« erwidert Otto.

Ein Pfarrer und ein Küster landen nach einer Hochzeitsfeier im Straßengraben.
Lallt der Küster: »Hochwürden, glauben Sie an die Auferstehung?«
Darauf der Pfarrer: »In den nächsten drei Stunden bestimmt nicht.«

Der Pfarrer einer kleinen Gemeinde wacht durch ein verdächtiges Geräusch auf. Aus dem Dunkel ertönt eine drohende Stimme: »Keine Bewegung, sonst bist du ein toter Mann, ich suche dein Geld.«
»Laß mich aufstehen und Licht anmachen, mein Sohn, bei *der* Suche bin ich dir gern behilflich.«

Ein Porschefahrer durchfährt eine geschlossene Ortschaft. 50 km/h ... 80 km/h ... 100 km/h. Plötzlich sieht er neben sich ein Moped, das scheinbar mühelos auf gleicher Höhe bleibt. Der Porsche dreht weiter auf:

120 km/h ... 150 km/h ... 200 km/h. Der Mopedfahrer hält mit. Da dreht sich der Porschefahrer zur Scheibe, kurbelt sie herunter und fragt: »Na, Junge, wohl auch den Tiger im Tank?«
Darauf der andere: »Nee, aber die Jacke in der Tür ...«

München. 18 Uhr. Hauptverkehrszeit. Überfüllte Straßenbahnen. Ein junger Mann wird ohne sein Zutun frontal gegen ein junges, attraktives Mädchen gedrückt. Als er vier Stationen weiter aussteigen will, tritt ihn das Mädchen kurz aber hart gegen das Schienbein.
»Was soll denn das«, faucht der junge Mann.
Darauf das Mädchen: »Beim nächsten Mal fangen Sie gefälligst nichts an, was Sie nicht zu Ende bringen können.«

Weltmeisterschaft der Tiere im Fußball. Elefanten gegen Käfer. Die Elefanten sind haushoch überlegen. Halbzeitstand 8 : 1 für die Elefanten. In der Pause wechseln die Käfer aus. Herein kommt ein Tausendfüßler. Dieser schießt ein Tor nach dem anderen. Die Elefanten können ihn nicht halten. Endstand des Spiels 10 : 8 für die Käfer. Da fragt der Elefanten-Kapitän den Käfer-Kapitän, warum sie den Tausendfüßler so spät hereingenommen haben. Antwort: »Der braucht immer so lange, bis er seine Schuhe anhat.«

Ein mächtiger Bulle steht mit seinem Sohn auf der Anhöhe. Beide schauen ins Tal, wo eine Herde von Kühen grast. Der Sohn kann es kaum erwarten, sich auszutoben,

tänzelt umher, schnaubt wild und pufft den Vater an: »Auf Pa, jetzt sausen wir runter und schnappen uns ein paar.«
»Nein, mein Sohn«, tadelt der Vater mit strenger Miene, »ganz gemütlich schlendern wir runter und nehmen uns alle!«

Chruschtschow kommt in die Hölle. Da er ein prominenter Gast ist, darf er sich seine Qualen selbst aussuchen. Er geht mit dem Teufel durch verschiedene Räume, in denen die Sünder gegrillt oder gekocht werden oder auf glühenden Kohlen sitzen müssen. Das alles sagt Chruschtschow nicht zu. Schließlich kommen sie in einen Raum, in dem die Sünder bis zum Hals in Jauche stecken, jedoch eine Zigarette rauchen dürfen. Chruschtschow entschließt sich zu dieser Qual, stellt sich hinein und zündet sich eine Zigarette an. Nach zwei Minuten ertönt die Stimme des Teufels durch den Lautsprecher: »Rauchpause beendet, alles setzen!«

Eine Westberliner Göre steht an der Grenze. Auf der anderen Seite eine Ostberliner Göre.

Die Westberlinerin ißt eine Banane und ruft der Ostberliner Göre zu: »Ätsch, ich hab' eine Banane!«
Darauf die andere: »Ätsch, wir haben den Sozialismus!«
Die Westberliner Göre, die es besser haben will, entgegnet: »Ätsch, wir haben auch bald den Sozialismus!«
Darauf die Ostberlinerin: »Ätsch, dann habt ihr auch bald keine Bananen mehr!«

Ein Gast verlangt den Geschäftsführer und sagt: »Kosten Sie bitte die Suppe!«
»Wenn der Herr nicht zufrieden sind, bitte, wir holen eine ...«
»Sie sollen nur die Suppe kosten«, unterbricht der Gast.
»Wenn sie versalzen ist ...«
»Bitte kosten Sie die Suppe.«
»Oder vielleicht zu kalt ...«
»Himmeldonnerwetter«, wird der Gast zornig, »Sie sollen verdammt noch mal, nur kosten.«
Zitternd beugt sich der Geschäftsführer nieder und ... sein Blick gleitet suchend über den Tisch. »Aber hier fehlt ja der Löffel!«
»Gott sei Dank«, seufzt der Gast befreit auf, »endlich merkt es jemand.«

Englischer Hosenschneider nimmt Maß für die Hose eines Kunden und fragt dabei: »Do you carry right or left?«
Darauf der Kunde: »Oh, please let him swing.«

Bauer Brumm hat sich entschlossen, hinter seinem Haus

einen schönen Garten anzulegen. Vorher wuchs da nur Unkraut aller Art. Seine Mühe lohnt sich, denn der Garten wird sehr hübsch.
Eines Tages besucht ihn der Pfarrer. Der bewundert den Garten und sagt: »Lieber Brumm, das ist unserem Herrn mit Ihrer Hilfe aber wunderschön gelungen!«
Brumm ist mit dem Lob nicht so recht zufrieden: »Da hätten Herr Pfarrer dieses Stück erst einmal sehen sollen, als unser Herr es noch allein bewirtschaftete.«

Ein Matrose, mit Auszeichnungen vom ersten Navigationslehrgang zurück, betrachtet mit seiner Freundin den sommerlichen Nachthimmel. Sternbild an Sternbild erklärt er ihr das All, zum Schluß will er ihr den großen Bären zeigen. Da schreit sie entsetzt: »Ich renne weg, wenn du auch nur einen Knopf aufmachst!«

Ein altes Ehepaar will eine Verjüngungskur machen, wie sie in jeder Reklame angepriesen wird. Ein Drogist, der sie nicht enttäuschen will, verkauft ihnen Rhizinusöl. Jeden Abend sollen sie einen Löffel nehmen. Die beiden Alten wollen aber nicht so lange warten, um jung zu werden und trinken jeder zu Hause die Hälfte der Flasche leer. Danach legen sie sich ins Bett. Nach einiger Zeit springt die Großmutter plötzlich auf und rennt zu einer bestimmten Lokalität. Als sie zurückkommt, strahlt sie: »Opa, hast du gesehen, ich bin gelaufen wie ein achtzehnjähriges Mädchen.«
»Das ist doch gar nichts«, meint der Großvater freudig, »ich liege im Bett wie ein einjähriger Junge.«

Fritzchen guckt über den Zaun. Der Nachbar karrt Mist durch den Garten.
»Wo kommt denn der Mist hin?«
»Auf die Erdbeeren!«
»Ui«, sagt Fritzchen, »wir tun immer Sahne darauf!«

Eine junge Frau trifft im Regen auf einen Bekannten, der ihr anbietet, sie in seinem Wagen nach Hause zu fahren. Sie steigt ein, bittet ihn aber, noch vor einer Apotheke zu warten. Er hält an, sie geht in die Apotheke und bittet um eine Packung Antibabypillen. Der Apotheker nickt zwar, macht aber keine Anstalten, sie zu holen. Darauf die junge Frau: »Könnten Sie sich bitte etwas beeilen? Da draußen wartet jemand!«

Ein Spanier ist zu Besuch in München. Bei einem Stadtbummel kommt er an einem brennenden Haus vorbei. Aus einem Fenster des dritten Stockwerks schreit eine Frau um Hilfe. Der Spanier eilt heran, zieht seine Jacke aus und deutet der Frau an, zu springen. Sie befolgt seinen Rat. Als sie schon knapp über ihm ist, zieht er die Jacke zur Seite und juchzt leidenschaftlich: »Olé.«

Mary hat auf der linken Seite ihres Pullovers ihren Namen eingestickt. Ein junger Mann erkundigt sich neugierig: »Verzeihen Sie bitte, aber wie heißt die andere?«

Hein Dadel muß zur Musterung. Fragt man ihn: »Wie heißen Sie?«

»Hein Dadel.«
»Verheiratet?«
»Ja.«
»Mit wem?«
»Mit einer Frau!«
»Sie Trottel, natürlich mit einer Frau!«
»Na, so natürlich ist das nicht, meine Schwester zum Beispiel ist mit einem Mann verheiratet!«

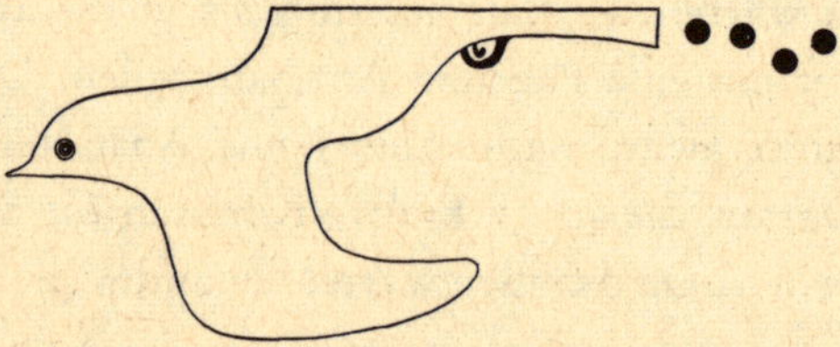

Völlig zerknirscht sucht der flotte Egon einen Arzt auf. »Herr Doktor, bitte helfen Sie mir. Dieser rote Fleck in meinem rechten Auge macht mich ganz verrückt. Was kann das sein – vielleicht eine schwere Krankheit?«
Doktor: »Sind Sie verheiratet?«
Egon: »Ja!«
Arzt: »Kommen Sie Ihren ehelichen Verpflichtungen regelmäßig nach?«
Egon siegesbewußt: »Oh, ja, Herr Doktor, fast jede Nacht!«
Doktor: »Haben Sie eine Freundin?«
Egon noch siegesbewußter: »Aber Herr Doktor, eine Freundin lastet mich nicht aus, ich habe zwei. – Und wenn Sie es genau wissen wollen, auch mit diesen bei-

den pflege ich jeden Tag nach Dienstschluß ein Schäferstündchen.«
Doktor: »Ja mein Lieber, die Sache ist klar, Sie lieben auf Reserve.«

Ein Deutscher darf als Gast eines Scheichs ausnahmsweise den Harem besuchen. Da sieht er den Eunuchen, wie er mit einer Gießkanne über die Mädchen gießt.
Fragt der Deutsche: »Was soll das?«
Antwort: »Wo's zischt, die ist dran!«

Ort: Eine Montagehalle in Leipzig. Ein Funktionär hat den Genossen eine Rede über Kommunismus, Leninismus und Marxismus gehalten. Als er fertig ist, fragt er, ob noch einer eine Frage habe. Steht der Sprecher der zuhörenden Genossen auf und sagt: »Das war alles sehr schön und lehrreich, und wir werden's auch weitererzählen, nur eins ist mir unklar geblieben: gibt es denn nun wirklich Leben auf dem Marx oder nicht?«

Zwei weiße Forscher werden im afrikanischen Urwald von Kannibalen gefangengenommen. Als sie zitternd vor dem Häuptling stehen, sagt dieser lächelnd: »Sie denken hoffentlich nicht, daß Sie bei uns in den Kochtopf wandern. Schließlich sind wir ein zivilisiertes Volk und haben von Ihrem Land schon oft Entwicklungshilfe bekommen!« Als die zwei erleichtert aufseufzen, setzt der Häuptling hinzu: »Bei uns wird nur noch gegrillt.«

Ein Rekrut der Bundeswehr ist auf Urlaub zu Hause

bei seiner Frau. Sie steht kurz vor einem freudigen Ereignis. Der Soldat schickt an seinen Spieß folgendes Telegramm: »Erbitte Sonderurlaub, Frau kommt täglich nieder.«
Antwort des Vorgesetzten: »Sonderurlaub genehmigt, Verfahren im Interesse des Vaterlandes patentieren lassen.«

Ein Stotterer kommt aus dem Funkhaus und trifft einen Freund.
Freund: »Wo kommst du denn her?«
Stotterer: »Iiiich kkomme aus ddem Funkhaus.«
Freund: »Ja, was hast du da gemacht?«
Stotterer: »Dda dda hab' ich mmich vorgestellt.«
Freund: »So, so – und als was denn?«
Stotterer: »Als Na-na-nachrichtensprecher.«
Freund: »Na und, hat man dich denn genommen?«
Stotterer: »Nnnee, nee, ich wwwar früher Nazi!«

Im Religionsunterricht fragt die Lehrerin: »Na, Heini, wie ist es mit dir? Möchtest du später auch einmal in den Himmel kommen?«
»Ja, das möchte ich wohl, Fräulein«, stottert Heini, »aber meine Mutti sagt, ich soll später einmal das Geschäft erben, und mein Vati meint, daß unser Laden bald zum Teufel geht.«

Nach der Untersuchung sagt der bekannte Frauenarzt: »Nun, gnädige Frau, wenn Sie heute abend Ihren Mann sehen . . .!«

»Ich bin nicht verheiratet, Herr Doktor!«
»Nun, also, wenn Sie Ihren Verlobten sehen ...«
»Ich bin nicht verlobt.«
»Na schön, also, dann eröffnen Sie Ihrem Freund ...«
»Ich habe keinen Freund, Herr Doktor, und überhaupt noch nie etwas mit einem Mann zu tun gehabt!«
Nachdenklich steht der Arzt auf, geht zum Fenster und schaut hinaus. Minutenlanges Schweigen.

Dann fragt die Patientin: »Herr Doktor, warum schauen Sie denn so angestrengt aus dem Fenster?«
Darauf der Arzt: »Ich warte. Das letztemal, als so etwas passierte, ging ein großer Stern im Osten auf.«

Meier kommt von der Beerdigung seiner Schwiegermutter zurück. Es regnet in Strömen. Als er gerade die Haustür aufschließen will, fällt ihm eine Dachpfanne auf den Kopf. Da murmelt Meier vor sich hin: »Die scheint schon oben zu sein.«

»Herr Doktor«, sagt der aufgeregte Patient zum Psychiater, »ich vergesse immer alles. Was soll ich tun?«
»Als erstes«, verordnet ihm der Arzt, »zahlen Sie mein Honorar im voraus.«

Ein Astronaut trifft ein Mondmädchen, das mit einem Mixapparat hantiert. Es erklärt: »So stellen wir die Kinder her.«
Darauf der Astronaut: »Das machen wir auf der Erde aber ganz anders.«
Nach der praktischen Vorführung fragt das Mondmädchen: »Na, und wo ist jetzt das Kind?«
Der Astronaut: »Das dauert jetzt noch neun Monate.«
Das Mondmädchen: »Und da hörst du jetzt schon auf?«

Peter und Vitus machen eine Gletschertour. Ohne Seil. Der Vitus geht voran, plötzlich hört er hinter sich ein Krachen – es rauscht, eine schriller Schrei –, und als er sich umdreht, ist der Peter verschwunden. Da, wo er eben noch ging, gähnt eine Gletscherspalte.
Vitus ist starr vor Schreck. Nach einer Minute faßt er sich und brüllt in die Tiefe: »Peter, was ist, lebst du noch?«
Keine Antwort.
Vitus beugt sich über das Loch und brüllt noch einmal. Und da hört er, ganz fern, Peters Stimme: »Ja!«
Vitus kann es nicht fassen. »Wie ist so was möglich?« ruft er halb entsetzt und halb erleichtert.
Darauf Peter, jetzt noch leiser und noch weiter weg: »Ich fall' noch!«

Frage an die große Prawda: »Ist es richtig, daß Karotten sind gut für impotente Mann?«
Antwort von Prawda: »Ist im Prinzip richtig! Aber in Praxis ergeben sich immer Schwierigkeiten mit Befestigung.«

Amalie ist gestorben. Gefaßt und ruhig stand ihr Gatte am Grabe. Bitterlich schluchzend und völlig gebrochen neben ihm der Freund des Hauses. Tröstend klopft der Witwer ihm auf die Schulter: »Beruhige dich doch mein Lieber, ich heirate ja wieder.«

Ein schlitzohriges schwäbisches Bäuerle sitzt beim Zahnarzt. Alle Zähne werden gezogen. Das Bäuerle soll ein neues Gebiß bekommen. Mitten während der Behandlung klingelt das Telefon. Am Apparat ein Polizist. Kurze Unterhaltung.
Mit ernster Miene kommt der Zahnarzt zurück: »Lieber Herr Schwitzgäbele, ich habe eine sehr traurige Nachricht für Sie. Fassen Sie sich. Ihre liebe Frau hat vorhin auf der Eisenbahnfahrt in die Kreisstadt die Tür verwechselt und ist aus dem Zug gestürzt. Ein Bein wurde ihr abgefahren. Tut mir leid, Ihnen das mitteilen zu müssen.«
Mit schmerzverzogenem, dickverschwollenem Gesicht und eingekniffenen Lippen darauf das Bäuerle: »Ausgrechnet heit . . . wo i net lache kann.«

Hansi wettet mit seinem Großvater um fünf Mark, daß er einen Regenwurm mit dem Kopf zuerst in den

Boden hauen könne. Der Großvater willigt lachend in die Wette ein! So etwas gibt es ja gar nicht ...
Hansi nimmt einen Haarspray und sprüht den Regenwurm ein. Darauf haut er ihn mit dem Kopf zuerst in den Boden. Es hat geklappt! Die Wette ist gewonnen! Opa um fünf Mark ärmer.
Am Abend steckt der Großvater Hansi 20 Mark in die Tasche.
Darauf Hansi: »Warum 20 Mark? Wir haben doch nur um fünf Mark gewettet?«
Der Großvater: »Ja, ja, die anderen 15 Mark sind von der Großmutter für den Tip!«

Drei Männer, ein Franzose, ein Deutscher und ein Engländer, gehen zum Arzt. Als sie nach der Untersuchung das Sprechzimmer verlassen, wissen alle drei, daß sie in einem Jahr sterben müssen. Darauf fragt der Franzose den Deutschen, was er in seinem letzten Lebensjahr machen werde.
Der Deutsche: »Ich werde sehr nett zu meiner Frau sein.«
Der Franzose: »Ich werde eine Weltreise machen.«
Zum Schluß wird der Engländer befragt.
Seine Antwort: »Ich suche mir einen neuen Arzt.«

Blau trifft seinen Freund, den Grün. »Nu, Grün, wie geht's dir?«
»O danke, es geht mir gut. Ne schöne Wohnung habe ich, ne schöne Wohnung. Willst mich besuchen, kommste ans Haus, nimmst den rechten Ellenbogen ... klingelst

oben ... drück ich auf den Knopf ... brauchste dich bloß noch mit der Schulter gegen die Tür zu lehnen ... biste drin ... kommst zwei Treppen hoch ... nimmst den linken Ellenbogen und drückst ...«
»Ja, sag mal, warum soll ich denn dauernd mit dem Ellenbogen drücken?«
»Aber du wirst doch nich kommen mit leere Händ!«

Mami war eine Woche verreist. Als die Familie wieder vereint ist und beim Kaffee sitzt, fragt Mami Lenchen: »Nun Lenchen, bist du auch abends immer brav ins Bett gegangen, ohne zu weinen?«
»Ja, Mami: Montag, Dienstag und Donnerstag hat ja das Kindermädchen bei mich geschlafen ...«
Verbessert der Vater: »bei mir!«
»Nein, Papi, das war Mittwoch.«

Ein Fremder kommt ins Dorf und fragt im Dorfladen: »Hey, sagen Sie, haben Sie hier eine schwarze Katze mit weißem Kragen im Dorf?«

»Nein«, lautet die Antwort.
»Hm, dann hab' ich vorhin den Vikar totgefahren.«

Ein angehender Italienreisender betritt den Hauptbahnhof und erkundigt sich an einem Schalter nach den Zügen nach Rom. »Wollen Sie über Meran oder über Bozen fahren?« fragt der Schalterbeamte.
»Weder – noch«, gibt der Romreisende zur Antwort, »eigentlich nur über Pfingsten.«

Ein Mann mit einem Glasauge hat den sehnlichen Wunsch, wieder auf beiden Augen sehen zu können. Ein Chirurg macht ihm große Hoffnungen: »Das können wir beim heutigen Stand der Medizin schon machen. Sie müssen nur einen Spender ausfindig machen, der Ihnen ein Auge opfert!«
Auf der Nachhausefahrt wird der Einäugige von einem rasanten Autofahrer überholt. Drei Kurven weiter knallt der schnelle Wagen gegen einen Baum, das Auto ist nur noch ein rauchender Trümmerhaufen. Der Fahrer ist tot.
Blitzschnell erkennt der Einäugige seine Chance, zu einem neuen Auge zu kommen. Taschenmesser raus, ein Schnitt, dem armen Verunglückten wird das überflüssige Glasauge verpaßt – und nichts wie zurück in die Klinik. Dort klappte auch die Transplantation zu aller Zufriedenheit.
Am nächsten Tag wird die Binde entfernt und glücklich, wieder auf beiden Augen zu sehen, greift der Patient zur Zeitung. Schlagzeile des Tages: »Polizei steht vor

einem Rätsel. Sportwagenfahrer mit zwei Glasaugen tödlich verunglückt.«

»Sie! Junge Frau«, sagt der Straßenbahnschaffner, »für den Jungen müssen Sie auch einen Fahrschein kaufen!«
»Wieso, der ist doch noch nicht sechs Jahre alt.«
»Das glaube ich Ihnen nicht meine Dame!«
»Aber Herr Schaffner, bestimmt. Ich bin ja erst seit fünf Jahren verheiratet.«
Der Schaffner entgegnet mit aller Gemütsruhe: »Liebe Frau, ick will Fahrgeld von Ihnen, aber keene Jeständnisse!«

Der alte Graf leidet unter Kurzsichtigkeit, will aber keine Brille tragen. »Das ist nicht gut für mein aristokratisches Aussehen«, meint er.
Eines Morgens geht er auf die Jagd, kommt aber nach kurzer Zeit wieder zurück.
»Du willst wohl neue Munition holen?« fragt Graf Rudi.
»Nein«, meint der alte Graf niedergeschlagen, »neue Hunde.«

Der Huber Sepp ging zu seiner Zeitung, um eine Heiratsanzeige aufzugeben.
»Wie soll denn der Text der Anzeige lauten?« fragt die Dame hinter dem Schalter.
»Mei, schreibn S' halt: G'sund muß sie sein, kräftig muß sie sein, net zu alt darf sie sein, und a Geld wenn sie hätt' . . .!

»Einspaltig oder zweispaltig?« fragt die Dame.
»Ja, gibt's denn des a?« fragt der Sepp verwundert.

Siedkopfs sitzen auf dem Balkon und schauen runter auf den Verkehr.
»Du, sag mal«, meint Frau Siedkopf, »was würdest du tun, wenn dir ein Auto ein Bein abfährt?«
Herr Siedkopf überlegt angestrengt und sagt dann: »Hinken.«

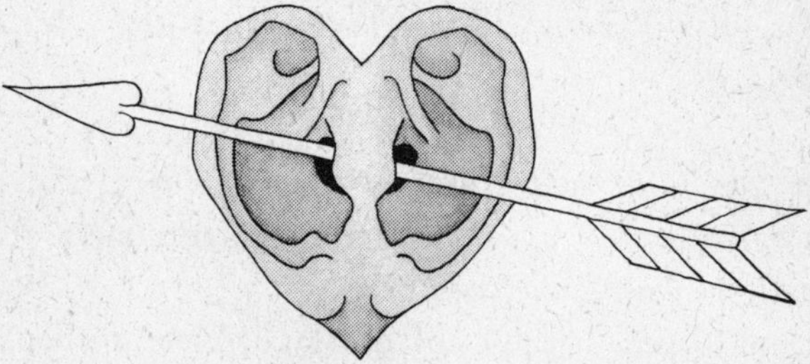

»Nun, mein liebes Fräulein«, meint der Doktor nach der Untersuchung schonungsvoll, »zunächst muß erst einmal der Erreger Ihrer Krankheit getötet werden!«
Da wird das junge Fräulein blaß und stammelt: »Ach, Herr Doktor, muß das sein? Wir wollen auch ganz bestimmt heiraten!«

Im Schaufenster einer Bäckerei hängt ein Schild mit der Aufschrift »Ab 9 Uhr warme Berliner«. Streckt ein Mann den Kopf durch die Ladentür und flötet mit weicher Stimme: »Hoffentlich sind die Jungs auch pünktlich!«

In einem Ort, wo der Tourismus erst angekurbelt wird, sind die meisten Fremdenzimmer ohne Dusche und Bad. Ein Bäuerlein auf diesen Tatbestand hin angesprochen, meinte: »Wieso Bad? Die Fremden werden doch wohl hoffentlich frisch gewaschen kommen, und bleiben tun's eh' bloß vierzehn Tag.«

Die Tochter eines preußischen Generals ist in einen Studenten verliebt. Dem Vater paßt das nicht, weil der junge Mann lange Haare hat und einen Bart. Eines Tages, im Winter, geht der Alte durch seinen Garten, um die Schneeräumung zu begutachten. Da sieht er plötzlich riesengroß den Namen seiner Tochter in den Schnee uriniert.

Empört stellt er den Studenten daraufhin zur Rede: »Was fällt Ihnen ein, den Namen meiner Tochter so zu verunglimpfen?«

»Woher wissen Sie eigentlich«, sagt der Student zornig, »daß ich das getan habe?«

Darauf der General: »Ich kenne doch die Handschrift meiner Tochter.«

Eine Medizinstudentin steht im Examen. Der Professor weist auf ein Skelett und fragt: »Nun, Kommilitonin, was meinen Sie, welches Geschlecht könnte dieses Bekken beherbergt haben?«

Darauf errötet die Studentin und meint: »Ein männliches, Herr Professor.«

Versonnen murmelt darauf der Professor: »Bisweilen ... bisweilen ...«

Ein französischer Attaché ißt mit seinem sowjetischen Gastgeber in einem Restaurant zu Abend. Als das Essen serviert worden ist, ist der französische Gast entrüstet und ruft den Kellner: »Hören Sie, Herr Ober, Sie haben mir drei Kalbsmedaillons gegeben, zwei sind weich, aber das dritte läßt sich nicht einmal schneiden.«
Darauf der Kellner: »Stimmt, kann auch nicht, das ist das Mikrophon.«

Was ist ein Telegraphenmast? Ein redigierter Weihnachtsbaum.

Armstrong und Aldrin finden bei ihren Erkundigungen auf dem Mond eine Baracke, die ein Schild trägt: »Amt für Mondfragen.« Darauf Aldrin: »Sieh an, die Deutschen sind auch schon da.«

Fritz und Max treffen sich nach der Schule. »Na«, sagt Fritz, »wie weit seid ihr im Aufklärungsunterricht?«
Max: »Wir sind heute bis zur Gürtellinie gekommen.«
Darauf lacht Fritz schallend und ruft: »Mensch, seid ihr weit zurück, wir dürfen morgen das erste Mal.«

Auf einer Party treffen sich ein Arzt und ein Kurpfuscher. Im Gespräch spricht der Kurpfuscher den Arzt immer mit »Herr Kollege« an. Da platzt dem Arzt der Kragen: »Was erlauben Sie sich eigentlich, schließlich nennt ein Schreiner einen Optiker auch nicht gleich ›Herr Kollege‹, bloß weil der auch hin und wieder eine Brille macht.«

Dialog in Prag. »Betrachten Sie die Russen eigentlich als Freunde oder als Brüder?«
»Als Brüder, Freunde kann man sich aussuchen.«

Anzeige in einer Tageszeitung: Junger Mann, 25, gut aussehend, der im Begriff ist, zu heiraten, sucht älteren, erfahrenen Mann, der ihn, wenn's sein muß, mit Gewalt, von diesem Vorhaben abbringt.

Ein Patient erwacht aus seiner Narkose. Plötzlich stellt er fest, daß ihm außer den Mandeln auch noch der Blinddarm fehlt. Er stellt den Professor zur Rede. Darauf der Professor: »Als die Studenten nach der gelungenen Mandeloperation applaudierten, habe ich noch eine Zugabe gegeben.«

Eine hübsche Blondine kommt mit ihrem rothaarigen Baby zum Arzt. Fragt der Arzt: »Rothaariger Vater?«
»Weiß ich nicht«, antwortet sie, »hat den Hut nicht abgenommen.«

In der Grundschule in der DDR meldet sich ein Inspektor an, um sich über den Leistungsstand der Schüler zu informieren.
Der Lehrer sagt seinen Schülern: »Bei dem Besuch des hohen Herrn darf jeder ein Gedicht aufsagen.«
Franz meldet sich und macht einen Vorschlag: »Unsere Katz' hat Junge, fünfe an der Zahl, vier sind Kommunisten, eine liberal.«
Der Lehrer: »Nun gut, das darfst du aufsagen.«

Der Inspektor kommt. Franz tritt ans Pult und sagt sein Gedicht auf: »Unsere Katz' hat Junge, fünfe an der Zahl, vier sind ab nach Westberlin, eins ist nicht normal.«
Der Lehrer stammelt völlig entgeistert: »Die sind doch Kommunisten geworden.«
»Ja«, sagt der Franz, »das war vor einer Woche, da waren die Jungen noch blind.«

Gespräch zwischen einem Hausbesitzer und einem Mieter.
»Haben Sie Kinder?«
»Nein.«
»Aber vielleicht einen Hund?«
»Ich mag keine Hunde.«
»Und wie steht es mit Radio und Fernsehen?«
»Habe ich nicht, ich will meine Ruhe haben.«
»Ausgezeichnet, dann können Sie die Wohnung haben.«
»Auf eins möchte ich Sie aber doch aufmerksam machen, damit es später keinen Ärger gibt«, sagt der Mieter, »mein Füller kratzt.«

Ein Missionar tauft einen Schwarzen: »Du heißt jetzt nicht mehr Bikila sondern David, und du mußt jeden Freitag fasten. Das heißt, du darfst kein Fleisch, sondern nur Fisch essen.«
Am kommenden Freitag sieht der Missionar David, wie er vor seiner Hütte sitzt und fröhlich ein Stück Hammelfleisch ißt.
Als der Missionar den Schwarzen nach dem Vergehen

fragt, antwortet er: »Ich habe den Hammel ins Wasser getaucht und ihm gesagt: ›Du heißt jetzt nicht mehr Hammel, sondern Fisch.‹«

Freundinnen unter sich. Sagt die eine über die abwesende Dritte: »Mit der ihrem Stottern wird es auch immer schlimmer. Ehe die n-n-n-ein gesagt hat, ist sie schon im dritten Monat.«

Das Starlet zum Psychiater: »Ich weiß nicht, was ich machen soll, Herr Doktor. Immer, wenn ich Alkohol getrunken habe, muß ich mich dem nächstbesten Mann splitternackt an den Hals werfen.«
Darauf der Arzt: »Das ist nicht weiter schlimm, jetzt trinken wir mal zusammen ein Gläschen Wein und unterhalten uns in aller Ruhe über Ihr Problem.«

Um den Mangel an Südfrüchten in der DDR zu beseitigen, werden zum XX. Jahrestag in Ostberlin Bananenautomaten aufgestellt. Einwurf: 4 Bananen. Ausgabe: 4 MDN.

Fritzchen fragt seine Mutter: »Was wird eigentlich aus den Menschen, wenn sie gestorben sind?«
»Staub«, antwortet die Mutter.
Darauf Fritzchen nachdenklich: »Donnerwetter, dann müssen aber schon viele Menschen unter meinem Bett gestorben sein.«

Tünnes trifft Schäl. »Wie geht's?« fragt Tünnes.
»Ganz gut noch, einmal, zweimal die Woche . . .«
»Das habe ich doch nicht gemeint, ich wollte wissen, wie es zu Hause geht.«
Darauf Schäl: »Zu Hause – da geht es überhaupt nicht mehr.«

Ein altes Ehepaar steht spät abends auf dem Balkon eines Hotels und beobachtet ein Liebespaar.
Sagt die Frau: »Ich glaube, Fritz, er will ihr einen Heiratsantrag machen. Pfeif doch mal, damit er gewarnt wird.«
Darauf der Mann: »Ich denke nicht daran. Bei mir hat auch niemand gepfiffen.«

Ein junger Arzt hat Nachtdienst. Bei seinem Rundgang kommt er auch in die Abteilung der Privatpatienten. Plötzlich sieht er, wie eine bildhübsche Schwester mit zerzaustem Haar ein Zimmer verläßt.

»Nanu«, ruft der Arzt, »ist etwas passiert?«
Darauf die Schwester: »Wie soll ich das jetzt schon wissen.«

Ein Patient hat eine zu große Dosis eines Abführmittels genommen.
»Ach du großer Gott«, ruft der Arzt, »wie oft sind Sie denn gelaufen?«
»Nur zweimal«, erwidert der Patient, »einmal von abends acht bis morgens vier und dann noch einmal von neun Uhr morgens bis abends um sechs.«

Die kleine Heide darf einmal im Ehebett schlafen. Vor dem Einschlafen wälzt sie sich noch öfters hin und her. Plötzlich hat sie etwas in der Hand und ruft entsetzt: »Mutti, Mutti, eine Maus.«
»Sei ruhig, mein Kind«, sagt die Mutter, »ich habe schon eine Falle aufgestellt.«

In eine bekannte Nachtbar kommt ein Känguruh, setzt sich an die Bar, trinkt ein Bier, zahlt und geht raus.
»He«, ruft der Barkeeper hinterher, »hier ist aber noch nie ein Känguruh gewesen.«
Darauf dreht sich das Känguruh um und sagt: »Bei diesen Preisen wird auch nie wieder ein Känguruh diesen Laden betreten.«

Ein Bauer kommt zum Arzt und erkundigt sich nach den Kosten einer Schönheitsoperation. Der Arzt überlegt kurz und sagt: »Das wird etwa DM 500,– kosten.«

Am Samstag trifft der Arzt den Bauern auf dem Wochenmarkt und sieht, wie seine Frau Gemüse verkauft. Die Frau ist wirklich so häßlich, daß der Arzt den Bauern beiseite nimmt und ihm ein Sonderangebot von DM 100,– macht.
Da sagt der Bauer: »Nicht mehr nötig, ich habe gestern mit dem Förster gesprochen, der erschießt sie für DM 30,–.«

Ein Vaterschaftsprozeß. Nach kurzer Vernehmung bekennt sich der Beklagte schuldig. Der Richter hocherfreut, daß der Prozeß so schnell erledigt werden kann, sagt: »Nun sollten wir noch über das Finanzielle sprechen.«
Darauf der Angeklagte: »Herr Vorsitzender, das muß nicht sein, dafür will ich nichts, das war nämlich in meiner Freizeit.«

Was ist der Unterschied zwischen Schappi und der Bundeswehr? Schappi ist für den Hund und die Bundeswehr für die Katz!

Ein alternder Playboy hat geheiratet. Am Tag nach der Hochzeit sagt er zu seinem Freund: »Hör mal, mir ist was Peinliches passiert. Nach alter Junggesellenart habe ich heute morgen 100 Mark auf den Nachttisch gelegt.«
»Das ist wirklich übel«, sagt der Freund, »jetzt weiß sie über dich Bescheid . . .«
»Das Schlimmste kommt noch«, sagt der Playboy, »meine Frau hat mir 80 Mark herausgegeben . . .«

Kiesinger sucht dringend eine neue Regierungsmannschaft, um gewappnet in den Wahlkampf zu gehen. Alle seine Bemühungen, ein Schattenkabinett aufzustellen, sind gescheitert. Er wendet sich an Herrn Neckermann. Für Neckermann ist das kein Problem. Er fordert für zehn Minister eine Vermittlung von je 100 DM.
Kiesinger ist hocherfreut über die prompte Lieferung, bekommt aber einen Wutanfall, als er die Rechnung sieht: 1080 DM. Umgehend ruft er Herrn Neckermann an und sagt: »Was ist das für ein Geschäftsgebaren, auf den vereinbarten Preis einfach 80 DM aufzuschlagen.«
Da sagt Neckermann: »Das sollten Sie eigentlich wissen, meine Firma berechnet für Flaschen immer Pfand.«

Es klingelt. Die Hausfrau öffnet. An der Tür steht ein Pferd. »Sie haben doch ein Zimmer zu vermieten. Kann ich das mal ansehen?«
»Ja«, meint die Dame, »aber an Pferde vermiete ich doch nicht.«
Das Pferd: »Davon stand aber nichts in der Anzeige!«

Ein Bauer kommt immer betrunken nach Hause. Jedesmal steht seine Frau hinter der Tür und empfängt ihn mit dem Nudelholz. Da leiht sich der Geplagte eines Tages das Pferd seines Nachbarn. Die Bäuerin prügelt nun das Pferd, dieses schlägt aus, die Bauersfrau ist tot. Nach der Beerdigung fragt nun ein guter Freund den Bauern, warum er bei der Kondolation der Bäuerinnen mit dem Kopf nickte, bei den Bauern aber immer wieder den Kopf schüttelte.

»Ja«, sagt der Witwer, »die Bäuerinnen sagten herzliches Beileid und ich dankte. Die Bauern aber fragten – hast du den Gaul noch, da sagte ich nein!«

Zwei Wanderer gehen durch einen Wald. Plötzlich steht vor ihnen eine bildhübsche Fee, etwa zwanzig Jahre alt, traumhaft gewachsen und nur mit einem durchsichtigen Negligé bekleidet.
»Drei Wünsche«, sagt die Fee, »werde ich jedem von euch erfüllen.«
Franz sagt spontan: »Einen zünftigen Gänsebraten,

eine Flasche Rotwein und ein Auto, damit ich nach dem Mahl nach Hause fahren kann.«
Werner, ein hagerer Typ, betrachtet die Fee prüfend und flüstert: »Fräulein, ich habe nur einen Wunsch, aber den erfüllen Sie mir bitte dreimal hintereinander.«

In Gera herrscht Aufregung. Eine Firma wurde gezwungen, ein Transparent mit folgender Aufschrift sofort zu entfernen: »Wir arbeiten lieber für zehn Russen als für einen Amerikaner.« Die Erklärung: Bei dieser Firma handelt es sich um eine Sargfabrik.

Ein Engländer, ein Amerikaner und ein Russe reden über das Glück.
Der Amerikaner sagt: »Ich wäre glücklich, wenn ich ein Schloß aus Schottland in Amerika hätte.«
Der Engländer meint: »Ich möchte einen Rolls-Royce mit Kühlschrank, Fernsehen und Tonband haben.»
Der Russe hört zu und sagt: »Alles zu einfach, zu prosaisch. Sie werden nie fühlen, was Glück bedeutet. Für mich ist Glück ein Samstagabend. Man sitzt zu Hause am Tisch, der Samowar summt, und die Kinder essen Kuchen. Es ist ein herrlicher Abend. Vor dem Haus stehen Birken. Die Berge am Horizont glühen in der untergehenden Abendsonne. Plötzlich klingelt jemand stürmisch an der Wohnungstür. Vor der Tür stehen zwei große Männer in langen Ledermänteln. ›Guten Tag, Genosse Iwanow‹, sagen sie, ›kommen Sie mit uns!‹ Und dann antworten Sie laut und langsam: ›Bedaure, meine Herren, Iwanow wohnt einen Stock höher!‹«

Zwei Freunde – der eine fünfzig, der andere sechzig – treffen sich und streiten, weil der Sechzigjährige im Begriff ist, ein Mädchen in den Zwanzigern zu heiraten.
»Ich halte nichts von diesen Mai-Dezember-Ehen«, erklärt der Fünfzigjährige. »Der Dezember findet natürlich im Mai die Frische und Schönheit des Frühlings. Aber was findet der Mai im Dezember?«
»Den Weihnachtsmann«, entgegnet der andere.

Ein Mann geht über die Stalinallee in Ostberlin und schimpft laut vor sich hin: »So'n Scheiß-Staat, so'n verfluchter gottsverdammter Scheiß-Staat . . .!!«
Ein Polizist hört das und will den Mann verhaften. Aber der wehrt sich und meint: »Sie wissen doch gar nicht, welchen Scheiß-Staat ich überhaupt meine!«
Der Polizist überlegt einen Moment und sagt dann: »Da haben Sie eigentlich recht. Sie können weitergehen!«
Kaum ist der Polizist verschwunden, geht es wieder los: »So'n Scheiß-Staat, so'n gottverfluchter Scheiß-Staat . . .!!«
Plötzlich kommt der Polizist zurückgelaufen und packt den Mann am Ärmel: »Sie, kommen Sie jetzt mit, ich hab's mir überlegt – es gibt nur einen Scheiß-Staat!!«

Im Abteil eines D-Zuges, der von München nach Innsbruck fährt, sitzen eine Mutter mit ihrer achtzehnjährigen Tochter, ein Bayer und ein Berliner. Als der Zug durch einen Tunnel fährt, ist es im Abteil stockfinster. Plötzlich hört man ein schmatzendes Geräusch und kurz darauf eine schallende Ohrfeige. Es wird wieder hell, und der Berliner reibt sich seine hochrote Wange. Was werden die vier Insassen jetzt denken?
Die Mutter denkt: »Der junge Mann hat wohl meiner Tochter einen Kuß gegeben, und sie hat wie ein wohlerzogenes Mädchen gehandelt.«
Die achtzehnjährige Tochter denkt: »Er wollte sicher mir einen Kuß geben, und ist irrtümlich an meine Mutter geraten.«
Der Berliner denkt: »Der Bazi hat der Kleinen einen

Kuß gegeben und ich habe die Ohrfeige dafür eingefangen.«
Der Bayer denkt: »Im nächsten Tunnel schnalze ich wieder mit der Zunge und geb dann dem Saupreiß die zweite Watschen.«

Ein junges Mädchen geht durch den Wald. Plötzlich hört sie aus einem tiefen Erdloch heftiges Wehklagen. Als sie in die Grube schaut, entdeckt sie einen Wolf, der sie mit

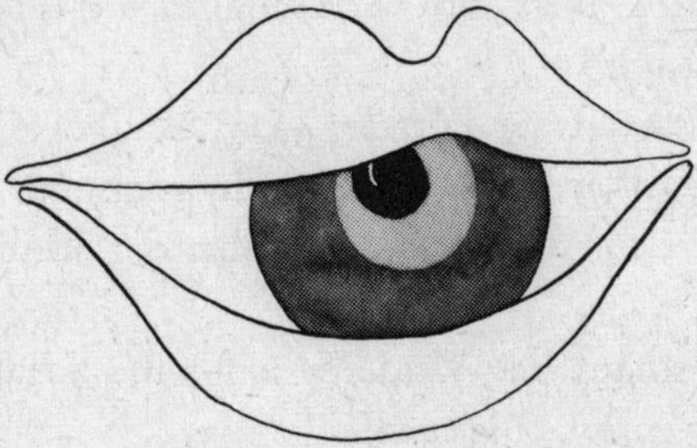

menschlicher Stimme anspricht: »Liebes Mädchen, bitte hilf mir heraus, ich bin ein verwunschener Prinz.«
Nach vielen Bitten bekommt sie Mitleid, beugt sich über den Rand der Grube, faßt das Tier am Schwanz und zieht es hoch. Als der Wolf oben ist, verwandelt er sich plötzlich, und ein nackter Jüngling steht vor dem Mädchen.
Sie ist vor Staunen unfähig sich zu rühren, und nachdem sie den Knaben eine ganze Weile angestaunt hat, sagt er zu ihr: »So, nun könntest du mich eigentlich wieder loslassen!«

Ein Förster stellt fest, daß in seinem Revier gewildert wird. Er beschließt, dem Burschen auf die Spur zu kommen und legt sich auf die Lauer. Im Morgengrauen endlich wird sein Warten belohnt, aus dem Wald kommt ein Mann mit einem riesengroßen erlegten Rehbock über die Schulter hängend. Der Förster springt auf ihn zu und schreit: »Endlich habe ich dich, Schurke, schon seit Wochen wilderst du in meinem Wald.«
Der Wilderer schaut den Förster an und sagt: »Aber Herr Förster, wie können Sie denn so was sagen? Ich und wildern? Das ist doch nicht möglich, wo ich die Tierlein so lieb habe!«
Daraufhin schreit der Förster: »Das ist doch die Höhe, du unverschämter Kerl, versuchst du auch noch zu leugnen, was ist denn das , was du da über der Schulter hängen hast?«
Daraufhin schaut der Wilderer auf seine Schulter und schreit dann entsetzt: »Huch!«

Grün kommt atemlos auf dem Bahnhof angerast, aber der Zug ist vor einem Moment abgefahren.
Fragt der Bahnhofsvorsteher: »Ist Ihnen der Zug weggefahren?«
»Nebbich«, keucht Grün, »werd ich ihn verscheucht haben.«

Bis nach Schottland hat sich die Mär vom beglückenden Gruppensex herumgesprochen. Aber sparsam, wie Schotten nun einmal sind, haben sie eine neue Variante gefunden: Ein Ehepaar vor dem Spiegel genügt.

Ein Minister besichtigt ein Zuchthaus. Bei dem Rundgang erzählt der Zuchthausdirektor dem Minister die schweren Verbrechen, die einzelne Strafgefangene begangen haben. Dem Minister bricht schließlich der kalte Schweiß aus und er sagt: »Schluß mit den Scheußlichkeiten, zeigen Sie mir bitte jetzt die Insassen, die unschuldig verurteilt sind.«

Ein jungverheiratetes Ehepaar beschließt, für den Notfall etwas Geld auf die Seite zu legen. Sie entscheiden, daß der Mann jedesmal, wenn sie sich lieben, sein Kleingeld in ein Sparschwein wirft. Nach einem Jahr machen sie Bestandsaufnahme.
»Merkwürdig«, sagt der Ehemann, »ich kann mich nicht erinnern, je Geldscheine in das Sparschwein gesteckt zu haben.«
Darauf die Frau: »Du nicht, aber nicht alle Männer sind so geizig.«

Zwei Kamele im Keller sägen Heizöl.
Fragt das eine: »Ist morgen Weihnachten?«
Das andere: »Mir ist das ganz egal, ich gehe da sowieso nicht hin.«

Ein Pfarrer sagt eines Tages zu seiner Frau: »In der Kirche sind so viele Jugendliche, ich werde heute einmal ein Gleichnis erzählen, das sich mit dem Skifahren beschäftigt.«
Seine Frau, die etwas älter ist, meint, daß diese Geschichte zu langweilig würde, und sie beschließt, dem

Gottesdienst fernzubleiben. Auf dem Weg zur Kirche überlegt sich der Pfarrer, daß es wohl besser sei, über Sex zu sprechen.
Am Nachmittag berichtet eine Nachbarin des Pfarrers seiner Frau: »Ihr Mann war großartig, er hat eine feurige Predigt gehalten. Man merkt doch gleich, wovon er spricht. Der weiß Bescheid.«
Darauf die Ehefrau kopfschüttelnd: »Ich wüßte nicht, warum. Er hat es nämlich in seinem Leben bisher nur zweimal versucht, und jedesmal hat er sich dabei die Hand verstaucht.«

Zwei Ziegen gehen ins Kino. Sie verirren sich und landen im Vorführraum. Die eine Ziege sieht eine Filmbüchse und frißt den Inhalt auf.
Die andere fragt: »Na, wie war's?«
»Nicht schlecht, aber der Roman war besser.«

Zwei Betrunkene sind auf dem Weg nach Hause. Dabei geraten sie auf ein Bahngleis.
Plötzlich meint der eine: »Du, sag mal, kommen dir die Stufen heute auch so hoch vor?«
Darauf der andere: »Bisher nicht, aber ich finde, das Geländer ist heute so niedrig.«

Herr und Frau Meier sind auf Hochzeitsreise. Abends kommen sie in ein Hotel. Sie legen ihr Gepäck ab und setzen sich zum Abendbrot an einen Tisch. Herr Meier studiert die Speisekarte.
»Liebste«, sagt er, »worauf hast du Appetit?«

»Ach Liebling«, antwortet sie, »du kennst doch meinen Geschmack.«
Darauf der Ehemann: »Schon, aber essen muß doch auch sein.«

Manöver bei der Bundeswehr. Ein Soldat steht als Baumstamm getarnt still wie eine Eiche. Plötzlich macht er einen unbedachten Sprung.
»Mensch, Kerl, sind Sie wahnsinnig«, brüllt der Kompanieführer, »ein unbeherrschter Kerl wie Sie kann ja das Leben der ganzen Truppe gefährden.«
»Verzeihung, Herr General, ich habe unbeweglich gestanden, als mich ein Schwarm Tauben für Zielübungen benutzte. Als ein Hund mich als Baum betrachtete, habe ich mit keiner Wimper gezuckt. Aber dann kamen zwei Eichhörnchen, kletterten mein Bein rauf und ich hörte, wie sie sagten: ›Eine essen wir jetzt, die andere heben wir uns für den Winter auf . . .‹«

»Du bist dir hoffentlich darüber klar, daß in unserer Republik der Mensch höher bewertet wird, als das Geld«, sagt ein SED-Funktionär zu einem Genossen in Magdeburg.
»Natürlich«, antwortet dieser, »deshalb schließen die Leute in der Bundesrepublik Deutschland auch ihr Geld ein und wir die Menschen.«

Ein Bundestagsabgeordneter ist auf Wahlkampfreise. Er besucht Gaststätten und Bars und geht hin und wieder auch in Privatwohnungen. Bei dieser Gelegenheit kommt

er eines Abends zu einem Haus, in dem eine große Sex-Party stattfindet.
Er klingelt, und der Gastgeber bittet ihn hereinzukommen: »Bleiben Sie, wir machen gerade ein schönes Spiel, das auch Ihnen Spaß bereiten wird. Den Damen werden die Augen verbunden, dann müssen sie an Hand der Genitalien feststellen, wer die Männer sind.«
»Was erlauben Sie sich«, sagt der Abgeordnete beleidigt, »ich bin MdB, mein Name ist . . .«
»Ach Sie sind es«, sagt der Gastgeber, »Ihr Name ist schon dreimal genannt worden.«

Zwei alte Jungfern bewohnen ein gemeinsames Schlafzimmer. Als sie beide zu Bett gehen wollen, vernehmen sie ein Geräusch.
»Sag mal Elfriede«, sagt die eine, »hast du das eben gehört? Ich glaube, da ist ein Mann unter unseren Betten.«
»Ja«, sagt die Schwester, »du hast recht.«
»Moment«, sagt die eine, »ich möchte aber gleich klarstellen, daß ich das Geräusch zuerst gehört habe.«

Ein schwarzer Pudel verfolgt zwei Hasen. Er läuft und läuft und kommt dabei völlig außer Atem. Schließlich bleibt er stehen, um Luft zu holen.
Im selben Moment läuft ein weißer Pudel vorbei. Der schwarze hält ihn an und sagt: »Lauf du den Hasen nach, ich kann nicht mehr.«
Sofort rast der weiße Pudel los.
Da drehen sich die Hasen um, und der eine sagt zum

anderen: »Schau mal, jetzt wird's aber Zeit, der hat schon seinen Pullover ausgezogen.«

Zwei Hunde treffen sich. Bellt der eine: »Wau.«
Der andere: »Kikeriki.«
»Was ist denn mit dir los?« fragt der erste.
»Ja«, sagt der andere, »heutzutage muß man Fremdsprachen können.«

Die Lehrerin kommt in die Klasse und sieht an der Tafel eine Zeichnung, die einen unbekleideten Knaben darstellt. Unterschrift: »So bin ich gebaut.«
Wütend dreht sie sich um und sagt: »Wer das gemalt hat, soll nach dem Unterricht zu mir kommen.«
Als sie am nächsten Morgen in die Schule kommt, steht groß an der Tafel: »Werbung zahlt sich immer aus.«

Intime Atmosphäre in der Dunkelheit. Zärtlich umarmt der Bräutigam die Verlobte auf dem Diwan. »Liebling«, sagt er mit leiser Stimme, »bin ich der erste?«
Da kriecht unter dem Diwan der achtjährige Bruder des

Mädchens hervor und sagt: »Klar ... ich frag mich nur, warum immer alle dasselbe fragen.«

Oskar ist gerade vier Wochen verheiratet, als er mit seiner Frau eine Bar besucht. An der Bar lehnt eine hübsche Superblondine, die Oskar charmant anlächelt. Seine Frau wird argwöhnisch: »Wer ist denn das?«
»Frag nicht, Liebling«, sagt der Mann, »ich werde Mühe genug haben, ihr zu erklären, wer du bist.«

Kurz vor Palermo wird ein Tourist von einem maskierten Ganoven aus dem Auto geholt. Drohend hält er ihm den Revolver entgegen. Der Mann fleht um sein Leben, aber der Gangster winkt ab.
»Ich will dich nicht töten, wenn du tust, was ich sage. Du mußt jetzt onanieren.«
Der Tourist führt den Befehl aus, was soll er sonst machen. »Gut«, sagte der Gangster, »gleich noch einmal.«
Es klappt nicht gleich, aber der drohende Revolver hilft.
»Und noch mal.«
Den drohenden Revolver im Nacken erwachsen dem Touristen Riesenkräfte.
Schließlich gibt der Gangster ein Zeichen. Hinter einem Felsen tritt ein wunderschönes Mädchen hervor.
»Das ist meine Schwester Gina«, sagt der Bandit, »du kannst sie jetzt in die Stadt fahren.«

Ein Kannibale, der seit Tagen nichts mehr gegessen hat, besucht einen Freund. »Sag mal, hast du was zu essen, ich halte es vor Hunger nicht mehr aus.«

»Tut mir leid«, sagt der Freund, »aber ich habe zur Zeit auch nichts da.«
Da läuft der Mann in die Küche und reißt den Kühlschrank auf. »Ha, was ist denn das«, ruft er.
»Das kann ich dir nicht anbieten«, sagt der Freund, »der Mann hatte Zucker und wir wollen ihn in die Bowle geben.«

Kommt ein Mäuserich völlig ausgelaugt in sein Mauseloch gekrochen. Dort trifft er seinen Freund.
»Wie siehst du denn aus?«
»Ja«, sagt der Mäuserich, »ich habe mit einer Giraffe geschlafen.«
»Aber das ist doch nichts Besonderes.«
»Doch, mein Lieber. Die hat immer gesagt: ›Lieb mich, küß mich, lieb mich, küß mich . . .‹«

Ein amerikanischer Tourist trifft in der Wüste ein junges Paar. Er sitzt auf dem Kamel, sie läuft daneben her.
»Das find ich aber ungerecht«, sagt die Amerikanerin, »er reitet und Sie laufen.«
»Ja und«, sagt die junge Frau, »wollen Sie vielleicht einen müden Mann im Bett?«

Drei Wissenschaftler treffen sich: ein Russe, ein Amerikaner und ein Deutscher. Jeder preist den wissenschaftlichen Fortschritt seines Landes.
Der Russe zuerst: »Im letzten Krieg wurden vielen Soldaten die Beine abgeschossen. Unseren hervorragenden Medizinern ist es gelungen, den Männern Beine von Ga-

zellen anzusetzen. Die können es mit jedem Sprinter aufnehmen.«
Der Amerikaner lächelt und sagt: »Das ist doch gar nichts. Wir haben unseren Kriegsversehrten Arme von Gorillas angesetzt. Diese Männer werden auf der nächsten Olympiade alle drei Medaillen im Kugelstoßen gewinnen.«
Der Deutsche hat sich die Lobeshymnen mit lächelnder Miene angehört. Schließlich sagt er: »Was soll's, unsere Wissenschaftler haben ganz andere Leistungen fertig-

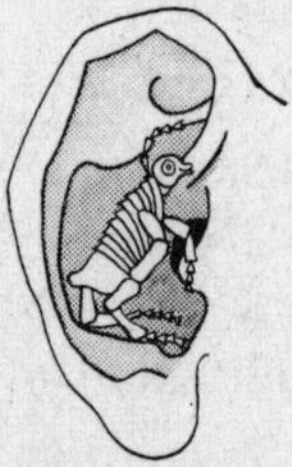

gebracht. Im letzten Krieg wurden einige Offiziere so zusammengeschossen, daß von ihnen lediglich Arschlöcher übrigblieben. Unsere Ärzte haben drei von ihnen zusammengeflickt, daß sie voll ihren Dienst ausüben können: sie sind Hauptmann bei der Bundeswehr.«

Auf einem Flug von New York nach Miami wird der Flugkapitän von einem bewaffneten Mann bedroht: »Fliegen Sie sofort nach Miami.«
»Aber, da fliegen wir doch sowieso hin.«
»Das sagen Sie«, meint der Passagier, »ich bin diese Strecke im letzten Monat dreimal geflogen und jedesmal in Kuba gelandet.«

Zwei Jungen spielen mit zwei Hunden und versuchen ihre Schwänze aneinanderzuknoten. Eine alte Dame beobachtet das und schreit: »Was fällt euch ein, die Tiere so zu quälen, was würdet ihr tun, wenn ich das mit euch machen würde.« Da sagt einer der Jungen: »Können Sie denn so kleine Knoten?«

Der Feldwebel läßt die Kompanie im Kasernenhof zum Sport antreten. Alle kommen im Trikot angesaust und stellen sich in einer Reihe auf.
»He, der Mann im roten Trikot. Auch Sie haben sich in der Reihe aufzustellen!«
Schüchtern wagt ein Gefreiter einzuwerfen: »Aber, Herr Feldwebel, das ist doch ein Hydrant!«
Darauf der Feldwebel wütend: »Na und? Auch die Herren Akademiker haben zu gehorchen!«

»Mann, wie kann man nur so entsetzlich faul sein. Den ganzen lieben Tag lang verbringst du damit zu schlafen. Wie willst du deinen Unterhalt verdienen? Ich verstehe zwar gut, daß dir die Arbeit widerwärtig ist, aber du könntest wenigstens eine Familie gründen und Kinder haben, die dann für dich arbeiten würden. Ist das denn so schwer?«
»Nein«, sagt der Faule, »du hast recht, aber weißt du, wo ich eine schwangere Frau finden könnte?«

Über den Lautsprecher im Kontrollraum hört man: »WAB – 53 an Kontrollturm. Ich habe noch zehn Liter Treibstoff. Erbitte Anweisung, bitte kommen.«

Der Diensthabende greift rasch zum Mikrofon: »Kontrollturm an WAB – 53. Nicht nervös werden. Nur ruhig bleiben! Sagen Sie mir, welche Geländepunkte Sie erkennen können. Bitte kommen.«
Nach bedeutungsschwerer Pause kommt die Stimme wieder: »Ich stehe auf der Landebahn 7 und möchte wissen, wo der Tankwagen bleibt.«

Die dritte Klasse der Volksschule hat Naturkunde. Plötzlich pfeift draußen ein Vogel. Die Lehrerin fragt, was das für ein Vogel sei.
»Eine Amsel pfeift draußen«, meldet sich ein Schüler.
»Nein, das ist eine Drossel«, sagt die Lehrerin. »Aber ich freue mich, daß du mitdenkst.«
Minuten später pfeift wieder ein Vogel, und wieder fragt die Lehrerin, was das für ein Vogel sei.
»Das ist eine Drossel«, meldet sich der gleiche Schüler wieder.
Lehrerin: »Nein, diesmal ist es eine Amsel, aber ich freue mich, daß du mitdenkst.«
Am nächsten Morgen geht der Junge sofort auf die Lehrerin zu. Mit einer Hand in der Hosentasche fragt er sie: »Frau Lehrerin, ich hab hier was in der Hand, es ist hart wie Holz und hat 'nen roten Kopf. Was ist das?«
Die Lehrerin gibt ihm eine Ohrfeige.
Darauf der Schüler: »Frau Lehrerin, es ist nur'n Streichholz, aber ich freue mich, daß Sie mitdenken.«

Toni und Zenzi sind beide sehr sprechfaul. Eines Tages Toni zur Zenzi: »Du Zenzi, mogst heut auf d' Nacht?«

Darauf die Zenzi: »I hob net wolln, aber jetzt host mi überred.«

Ein Mann kommt betrunken nach Hause und stößt ein Glas mit Goldfischen um. Ein auf dem Boden liegender, besonders großer Goldfisch schnappt mehrmals nach Luft. Daraufhin nimmt der Mann ihn wutentbrannt auf, haut ihm mehrmals links und rechts hinter die Kiemen und sagt entrüstet: »Was, du schnappst nach deinem Herrchen?«

Die Wahrsagerin fordert zehn Mark und gesteht dafür ihrem Kunden zwei Fragen zu.
»Zehn Mark für nur zwei Fragen«, empört sich der Mann, »ist das nicht ein bißchen viel?«
»Jawohl«, erwidert die Frau. »Und Ihre zweite Frage?«

Völlig niedergeschlagen klagt eine Frau in der Sprechstunde ihrem Psychiater: »Ich habe kein Talent. Ich kann nicht spielen. Ich kann nicht singen. Ich kann nicht tanzen. Ich möchte mit dem ganzen Showbusiness Schluß machen!«
»Warum tun Sie's nicht?« sagt der Psychiater.

»Ich kann nicht«, meint resignierend die Schauspielerin. »Ich bin ein Star!«

»Wo ist es wohl am schönsten?« fragt der Lehrer.
Einer der Jungen weiß Bescheid. »Im Bett, Herr Lehrer, mit einer schönen Frau.«
»Du unverschämter Lümmel, ich werde deinem Vater einen Brief schreiben!«
Nach ein paar Tagen fragt der Lehrer, was der Vater des Schülers denn gesagt habe.
»Mein Vater ist der gleichen Meinung wie ich, und falls Sie, Herr Lehrer, anderer Meinung sind, soll ich mich ja vor Ihnen in acht nehmen!«

Ein Jäger hat seinen Dackel so dressiert, daß er über das Wasser laufen kann. Bei der nächsten Pirsch will der Jäger seinen Freunden die Dressurleistung vorführen, schießt am See eine Ente und schickt den Dackel los. Der Hund geht über den See und bringt die Beute trockenen Fußes zurück.
Darauf ein Jagdfreund: »Meine Güte, ist der aber wasserscheu!«

Ein 33jähriger Installateur steht vor der Himmelspforte: »Warum habt ihr mich so früh sterben lassen?« Petrus schaut im großen Himmelsbuch nach und sagt: »Wieso jung? Nach den Stunden, die du deinen Kunden aufgeschrieben hast, bist du jetzt 99 Jahre alt.«

Ein Mann kommt zum Paßamt und erkundigt sich

nach den Auswanderungsformalitäten. Der Beamte fragt nach dem Grund seines Planes.
»Wegen der Homosexualität in Deutschland.«
Der Beamte schüttelt verständnislos den Kopf.
»Ja, wissen Sie, Herr Inspektor, vor 30 Jahren gab es dafür die Todesstrafe, vor 10 Jahren 10 Jahre Zuchthaus, vor 5 Jahren 10 Jahre Gefängnis, vor 2 Jahren 3 Jahre Gefängnis, seit einem halben Jahr ist es straffrei, und bevor es zur Pflicht wird, möchte ich lieber auswandern!«

Zwei Mäuseriche sitzen in einer Kaffeekanne. Mißmutig sagt der eine: »Hör zu, wenn nicht bald die Weiber kommen, verzichte ich auf die Baderei.«

Viel zu spät kommt Franz aus der Schule, und gesteht seiner Mutter: »Ich habe auf dem Heimweg meine Freundin geliebt.«
Die Mutter ist entsetzt, sagt ihm aber, weil er ehrlich gewesen sei, bekomme er ein Glas Erdbeermilch.
Tags darauf kommt Franz wieder zu spät.
»So geht das nicht weiter«, sagt die Mutter.
Und als Franz ihr beichtet, daß er mit der Frau im Nachbarhaus sich vergnügt habe, bekommt er wieder Erdbeermilch als Belohnung.
Am dritten Tag – wieder Verspätung. Diesmal öffnet der Vater die Tür. Als Franz seine Entschuldigung zu murmeln beginnt und gesteht, daß es diesmal die Lehrerin gewesen sei, greift der Vater zur Bratpfanne.
»Aber er war doch ehrlich«, schreit die Mutter.

»Eben«, sagt der Vater, »darum kriegt er auch ein anständiges Steak, denn mit deiner Erdbeermilch geht er uns ja vor die Hunde.«

Herr Meier ist als Schürzenjäger bekannt. »Besuchen Sie mich mal, Karin, ich wette, in zehn Minuten kenne ich die Farbe Ihres Höschens«, sagt er zu seiner Kollegin.
»Ich nehme die Wette an«, sagt Karin, »wer verliert zahlt DM 50,–.«
Es wird Abend, und bei Herrn Meier geht plötzlich die Klingel. Er öffnet die Tür und vor ihm steht Karin. Sofort will Herr Meier Karin galant aus dem Mantel helfen. Da holt er tief Luft, zieht seine Geldbörse und sagt zu Karin: »Da sind die 50 Mark.«

Ein Minister beschließt, Urlaub auf einem Bauernhof zu machen, um sich richtig zu erholen. Er denkt an die gesunde Landluft und an die Arbeit im Freien, die seinen Kreislauf stärken soll. Als er ankommt, wird er von dem Bauern freundlich empfangen und gleich mit einer Aufgabe betraut.
»Ich habe mir gedacht«, sagt der Bauer, »schwere Arbeit sind Sie nicht gewöhnt, am besten ist es, Sie sortieren Kartoffeln.«
Sofort beginnt der Minister mit seiner Arbeit. Die guten wirft er in den linken, die schlechten in den rechten Korb. Nach einer halben Stunde findet der Bauer den Minister völlig erschöpft über einen Stuhl gebeugt.
»Nanu«, sagt der Bauer, »so schnell hat Sie die körperliche Arbeit erschöpft?«

»Die Arbeit nicht«, sagt der Minister, »sondern die Entscheidungen, die man hier jede Sekunde treffen muß.«

In einer Bar trifft ein junger Mann ein hübsches Mädchen. »Würden Sie«, sagt der Mann, »für eine Million Mark mit einem wildfremden Mann schlafen?«
»Das würde ich schon machen«, sagt das Mädchen.
»Und würden Sie mit mir für 25 Mark schlafen?«
»Für wen halten Sie mich«, sagt das Mädchen entrüstet.
»Aber das haben wir doch schon geklärt«, sagt der junge Mann, »wir streiten doch jetzt nur noch über den Preis.«

Inge geht mit ihrem Säugling spazieren. Unterwegs trifft sie ihre Freundin Ruth.
»Ich wußte gar nicht«, sagt Ruth, »daß ihr ein Baby habt.«
»Das ist schon vier Monate alt«, sagt Inge, »und mein Mann und ich erziehen es jetzt schon antiautoritär.«
»Wie denn das«, sagt Ruth. »Schon in diesem Alter?«

»Nun ja«, sagt Inge, »wir lassen ihn in die Windeln machen, wann er will.«

In eine psychiatrische Klinik wird ein Patient eingeliefert. Sein Problem: er bildet sich ein, Lord Nelson zu sein.
Der Psychiater, der ihn untersucht, weiß keinen Rat, denn er hat schon einen Patienten, der sich ebenfalls einbildet, Lord Nelson zu sein. Also legt er den neuen Patienten in das gleiche Zimmer und wartet ab, was nun passiert. Irgendwie werden die sich schon arrangieren, denkt er.
Am nächsten Morgen gilt seine erste Visite den beiden Patienten.
Der Neuling empfängt ihn mit Freude und sagt: »Herr Doktor, ich habe Ihnen was Falsches erzählt, ich bin nicht Lord Nelson, ich bin Lady Hamilton.«

Ein Bauer steht an der Autobahn und möchte per Anhalter reisen. An einer Leine führt er eine Kuh mit sich. Er wartet schon zwei Stunden, dann hält endlich ein Mercedes, und er steigt ein. Die Kuh wird hinten angebunden. Zuerst fährt der Mann ziemlich langsam, weil er auf die Kuh Rücksicht nehmen will. Doch langsam erhöht er die Geschwindigkeit bis auf 140 km/Std.
Erschrocken sieht der Mann plötzlich in den Rückspiegel und sagt zu dem Bauern: »Was ist denn mit Ihrer Kuh los, die ist ja auf einmal so blaß.«
Darauf der Bauer gelassen: »Ach, das wird sie immer, wenn sie zum Überholen ansetzt.«

Ein Mann schüttet seinem Hausarzt sein Herz aus: »Vor der Hochzeitsnacht war meine Frau so leidenschaftlich wie keine andere, jetzt hat sie überhaupt kein Interesse mehr am Sex.«
Der Arzt weiß Rat: »Geben Sie ihr jeden Abend eine dieser Pillen.«
Gesagt, getan. Aber am ersten Abend passiert gar nichts. Am zweiten Abend gibt er ihr zwei Pillen. Wieder keine Reaktion. Am dritten Abend schließlich schüttet er die ganze Schachtel aus, gibt die eine Hälfte seiner Frau, die andere schluckt er selbst.
Eine halbe Stunde später kommt die Frau zu ihrem Mann und flüstert verführerisch ins Ohr: »Ich brauche jetzt dringend einen Mann.«
Darauf ihr Mann: »Merkwürdig, ich auch.«

Fritz geht zum Psychiater. Er ist moralisch am Boden zerstört. Der Psychiater versucht ihn wieder aufzurichten.
»Sie sollten sich ein Mädchen suchen, das dasselbe Hobby wie Sie hat.«
»Aber Herr Doktor«, sagt Fritz, »was soll ich denn mit einem Mädchen anfangen, das fortgesetzt hinter anderen Mädchen herpfeift.«

Ein Mann fährt mit einem Sportwagen durch die Stadt, hält an, und ein reizendes Mädchen steigt ein. Dann geht's ab in den Wald.
Auf einem verschwiegenen Weg stoppt der Mann seinen Wagen und sagt zu dem Mädchen: »Wenn ich jetzt gleich

anfange, mit Ihnen Liebe zu machen, werden Sie dann um Hilfe schreien?«
»Nein, nein«, sagt das Mädchen, »nur wenn Sie wirklich welche brauchen.«

Drei pfiffige Jungs, acht, zehn und zwölf Jahre alt, schlendern durch die Stadt. Es ist ein warmer Frühlingstag, und sie sind zu allerhand Späßen aufgelegt. Dabei bleiben Sie plötzlich vor einem Fenster stehen und sehen fassungslos, wie sich ein Paar in Liebe übt.
Der achtjährige findet zuerst die Sprache wieder: »Warum kämpft der Mann da mit der Frau?«
»Unsinn«, sagt der Neunjährige, »die lieben sich.«
»Und wie einfallslos«, sagt der Zwölfjährige.

»Wer hat Ihnen denn gesagt, daß Sie hier im Büro faulenzen können, nur weil ich Sie ein paarmal geküßt habe«, schnauzt der Chef seine Sekretärin an.
Darauf das Mädchen lächelnd: »Mein Anwalt.«

twen-Witze